Prefácio　2
Os pilares da criatividade　3
Desvendando o mito da Criatividade　4
O que faz a criatividade se desenvolver　6
Os Processos Criativos: Desvendando as Fases da Criação　8
Desenvolvendo a Criatividade　10
Técnicas de Geração de Ideias: Explorando o Mundo do Brainstorming e Além　11
Brainstorming e Suas Variações: Uma Tempestade de Ideias　11
Mapas Mentais, Associação Livre e Outras Abordagens: Explorando as Conexões Criativas 14
Integrando as Técnicas: Uma Abordagem Holística para a Criatividade 17
Expandindo Horizontes Criativos　17
Criando uma condição para criatividade　18
Como superar bloqueios criativos　20
Pensamento crítico e busca por soluções criativas　24
A arte de inovar　26
Copie para ser autêntico - a contradição que te faz inovar!　26
Como criar uma marca e um legado　29
A Arte de se destacar　30
As bases para se destacar　30
Pavãonismo - A técnica mais sutil e poderosa de destaque　31
Entrando no vortex da criatividade e inovação　34
Como usar o tédio ao nosso favor　34
Como usar seu subconsciente a seu favor　36
A lei do esforço reverso　38
Como a imaginação cria a realidade　39
Como usar a criatividade para mudar de vida　41
Inovação para vida e para si mesmo　42
Como se manter criativo　44
Curiosidade: O Motor da Criatividade　44
Aprendizagem Contínua: O Combustível da Inovação　44
Estratégias para Cultivar a Criatividade　44
Benção final　45

Sobre o Autor 46
Conheça mais livros de Gustavo Domingues 47

CRIATIVIDADE QUE TRANSFORMA MUNDOS

Aprenda a usar o poder infinito da imaginação

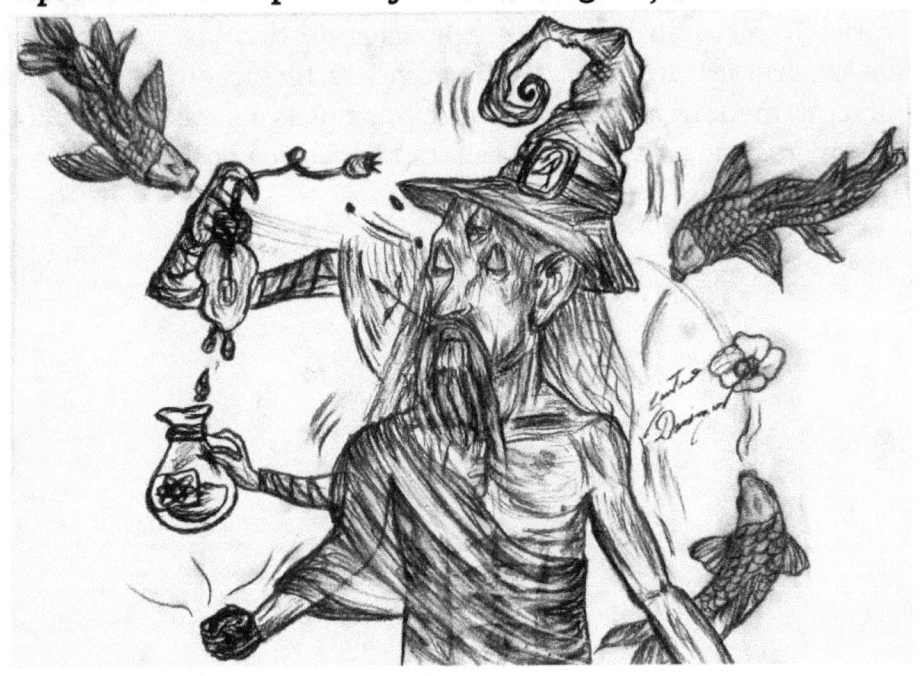

Prefácio

A criatividade é uma força poderosa, capaz de transformar o ordinário em extraordinário, de desafiar convenções e de criar novas realidades. No livro *"Criatividade que Transforma Mundos"*, exploramos essa força em suas diversas manifestações, desde as artes até a ciência, passando pelo cotidiano das pessoas comuns que, com suas ideias e ações, mudam o curso da história.

Quando pensamos em criatividade, muitas vezes visualizamos gênios solitários, isolados em suas torres de marfim, produzindo obras-primas que desafiam a compreensão. No entanto, a criatividade é muito mais acessível e democrática do que se pode imaginar. Ela reside em cada um de nós, esperando ser despertada e cultivada. Este livro é um convite para redescobrir essa capacidade inata, para se permitir sonhar e, mais importante, para transformar esses sonhos em realidade.

Mas este não é apenas um livro de teorias. É também um guia prático, repleto de insights e exercícios destinados a estimular sua própria criatividade. Você aprenderá técnicas para romper barreiras mentais, para ver o mundo sob novas perspectivas e para aplicar essas novas visões em seu trabalho e vida pessoal.

Vivemos tempos desafiadores, onde problemas complexos exigem soluções inovadoras. A criatividade não é apenas um diferencial competitivo, mas uma necessidade urgente. *"Criatividade que Transforma Mundos"* é uma ferramenta essencial para quem deseja contribuir para um futuro melhor, mais justo, mais belo, mais colorido e principalmente mais criativo e inovador!

Que este livro inspire você a explorar as profundezas de sua imaginação, a desafiar o status quo e a transformar o mundo à sua volta. Afinal, todos nós temos o poder de criar algo novo e significativo, basta acreditar, imaginar e agir.

Boa leitura e muita inspiração!

Atenciosamente, seu artista favorito, *Gustavo Domingues*

OS PILARES DA CRIATIVIDADE

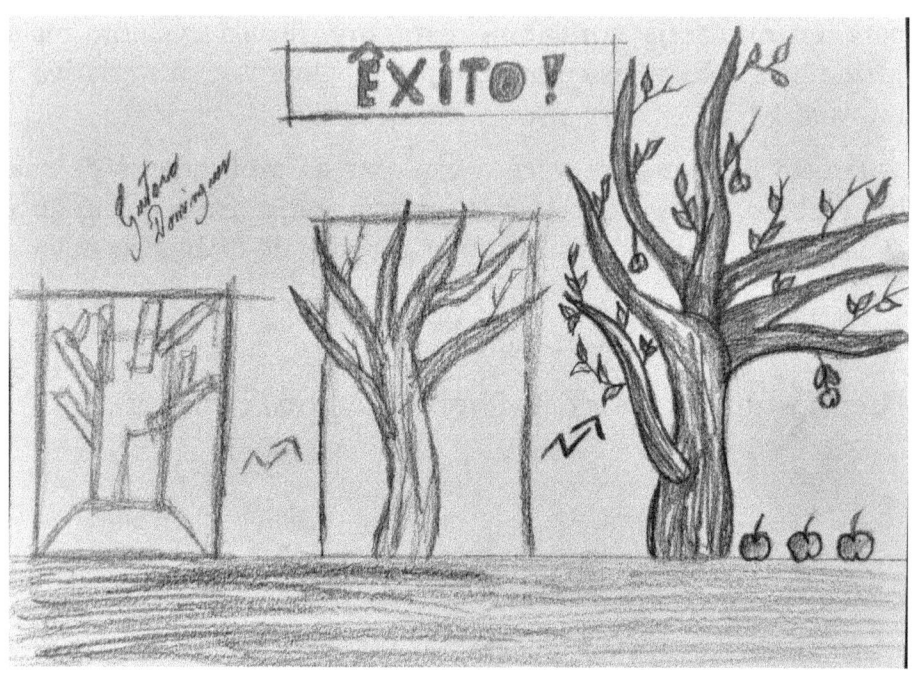

DESVENDANDO O MITO DA CRIATIVIDADE

A criatividade é frequentemente vista como um dom misterioso, reservado apenas para os "gênios" ou os "artistas". Esse mito, porém, impede muitos de nós de explorar e desenvolver nosso próprio potencial criativo. Vamos desmistificar algumas crenças populares sobre a criatividade e descobrir como todos nós podemos ser mais criativos em nossas vidas cotidianas.

Primeiro, é importante entender que a criatividade não é uma habilidade inata que apenas algumas pessoas possuem. Pelo contrário, ela é uma competência que pode ser desenvolvida e aprimorada. Estudos mostram que o ambiente, a prática e a motivação desempenham papéis cruciais no desenvolvimento da criatividade. Assim como qualquer outra habilidade, quanto mais você exercita a sua criatividade, mais forte ela se torna e mais você consegue criar de forma natural e fluida.

Outro mito comum é a ideia de que a criatividade é um processo solitário. Embora muitos associem grandes inovações a indivíduos trabalhando sozinhos, a verdade é que a colaboração e a troca de ideias são fundamentais para a criatividade, inclusive, umas das técnicas que vamos ver é a transmutação de ideias, onde pegamos várias ideias de diversas fontes e transmutamos ela em uma única ideia criativa e inovadora. Portanto, Trabalhar em equipe, buscar diferentes perspectivas e estar aberto a novas experiências podem enriquecer imensamente o processo criativo.

Um grande mito, talvez um dos mais populares e difundido em todas as mídias, como filmes, séries e desenhos, é de que a criatividade/inovação vem somente naquele momento "Eureca!", onde a ideia genial e inovadora surge do nada. Mas muito pelo contrário, ideias e resoluções criativas vêm através de um processo, onde uma gama de informações e conceitos se entrelaçam e tudo se une em uma harmonia. Veremos mais a frente sobre como funciona esse processo e como podemos inclusive forçá-lo a acontecer.

Além disso, muitas pessoas acreditam que a criatividade está limitada às artes, como pintura, música ou literatura. No entanto, a criatividade é essencial em todas as áreas da vida, desde a resolução de problemas cotidianos até a inovação em negócios e ciência. Ser criativo é encontrar novas maneiras de abordar desafios, pensar fora da caixa e conectar ideias aparentemente desconexas.

Em resumo, a criatividade não é um dom misterioso, mas uma habilidade que todos podemos desenvolver. Ao romper com os mitos que a cercam, podemos liberar nosso potencial criativo e aplicar essa capacidade transformadora em todas as áreas de nossas vidas e enfim usar o grande poder da imaginação para transmutamos toda nossa realidade. Prepare seu café, pois acabamos de entrar em um mundo onde uma vez tomado consciência dele e de seu poder, nunca mais iremos querer sair!

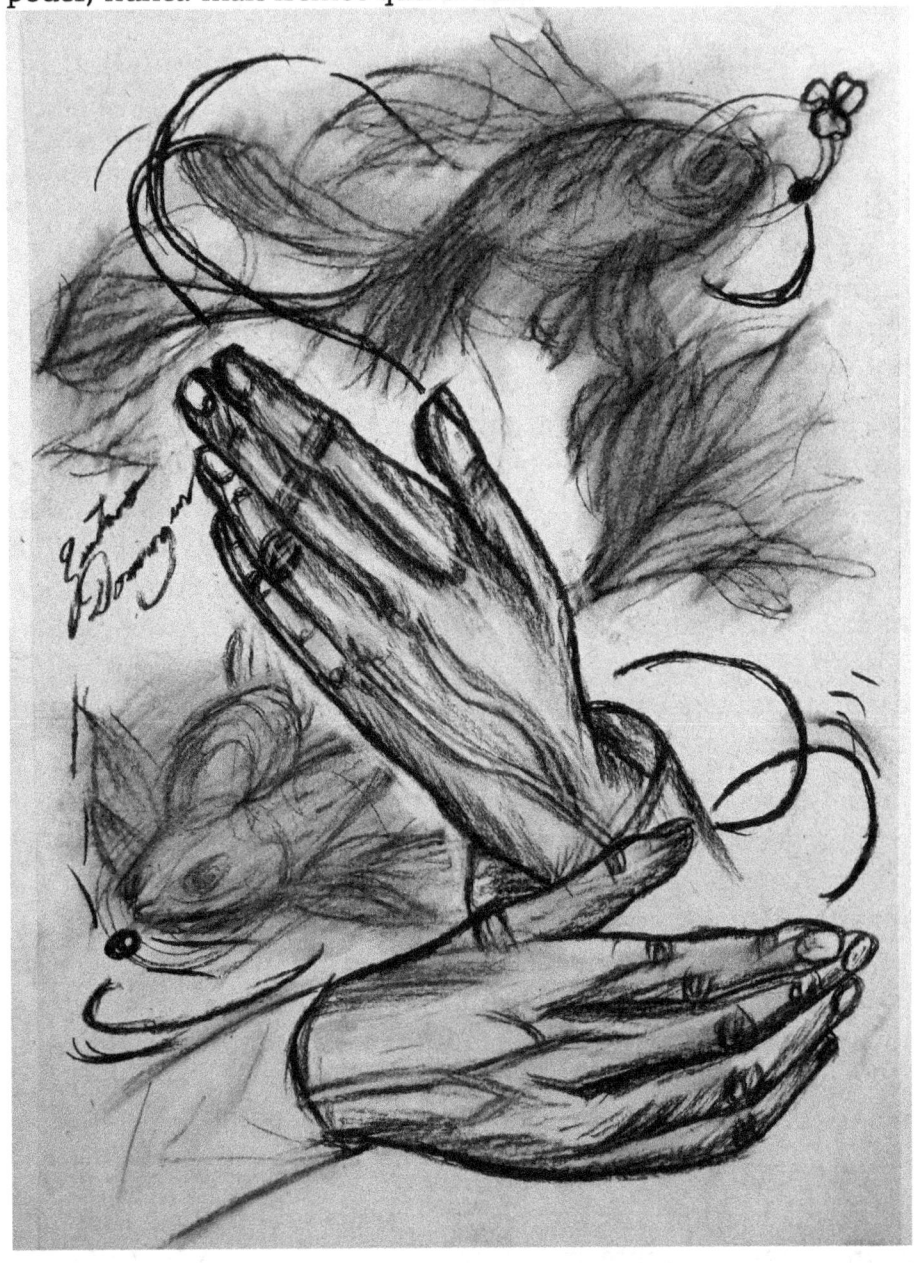

O QUE FAZ A CRIATIVIDADE SE DESENVOLVER

A criatividade é uma das capacidades humanas mais fascinantes e essenciais para o progresso em diversas áreas, desde as artes até a ciência e a tecnologia. Mas o que exatamente faz a criatividade se desenvolver? Existem vários fatores que contribuem para o florescimento da criatividade, e entre eles, destacam-se o pensamento crítico e a busca incessante por novas soluções.

O pensamento crítico é um componente fundamental no processo criativo. Ele envolve a capacidade de analisar, avaliar e re-estruturar informações de maneira independente e inovadora. Quando aplicamos o pensamento crítico, somos capazes de questionar suposições pré-existentes, identificar problemas de maneira precisa e explorar diferentes perspectivas. Este processo não só estimula a geração de novas ideias, mas também refina e aprimora essas ideias, transformando conceitos brutos em soluções viáveis e eficazes.

Além disso, a busca por novas soluções é outro motor crucial para o desenvolvimento da criatividade. A inovação nasce da necessidade de resolver problemas e superar desafios de formas inéditas. Este espírito de exploração nos leva a experimentar, a assumir riscos e a pensar fora da caixa. Através da experimentação e da tentativa e erro, descobrimos novos métodos e abordagens que antes poderiam parecer impossíveis. A curiosidade e a abertura para o novo são, portanto, vitais para a criatividade, pois nos impulsionam a ir além do óbvio e do conhecido.

A interação entre o pensamento crítico e a busca por novas soluções cria um ambiente fértil para a criatividade. Em um mundo em constante mudança, a capacidade de inovar e de adaptar-se é mais importante do que nunca. Ao cultivarmos uma mentalidade crítica e um espírito explorador, não só expandimos nossos próprios horizontes, mas também contribuímos para um progresso contínuo e sustentável em nossas comunidades e no mundo.

Exercício Prático: Desafie-se com "O Que Mais?"

Uma maneira prática de aplicar esses conceitos no dia a dia é através de um exercício chamado "O Que Mais?". Este exercício é simples, mas poderoso para estimular a criatividade e o pensamento crítico.

Passos do Exercício:

1. **Identifique um Problema ou Desafio:** Escolha um problema ou desafio que você enfrenta em seu trabalho, estudos ou vida pessoal.
2. **Liste Soluções Comuns:** Faça uma lista das soluções comuns ou tradicionais que você usaria para resolver esse problema.

3. **Pergunte "O Que Mais?":** Após listar as soluções comuns, pergunte-se "O que mais?" para cada uma delas. Tente pensar em pelo menos cinco alternativas diferentes e fora do comum, aquilo que é "óbvio" para cada solução inicial. Não se preocupe se algumas ideias parecerem absurdas ou impraticáveis - o objetivo é explorar o máximo de possibilidades, isso será útil mais para frente.
4. **Avalie e Refine:** Use o pensamento crítico para avaliar as novas ideias geradas. Quais delas podem ser viáveis? Como elas podem ser refinadas ou combinadas com outras ideias para criar uma solução ainda melhor?
5. **Implemente e Avalie:** Escolha uma ou duas das ideias mais promissoras e implemente-as, pegue um ponto positivo de cada e ideia e junte tudo em uma, faça uma mescla. Avalie os resultados e esteja disposto a ajustar conforme necessário.

Aplicação no Dia a Dia

Esse exercício pode ser aplicado em diversas situações do dia a dia, seja no trabalho, em projetos pessoais ou em questões cotidianas. Ao se deparar com um problema, em vez de seguir automaticamente o caminho tradicional, use o "O Que Mais?" para explorar novas soluções e ver as coisas de um novo ângulo. Saia do padrão, pare de olhar para onde todos olham, veja o mundo de forma diferente, ouse pensar como ninguém pensa e enxergar como ninguém enxerga, sai da caixa! Isso não só melhora sua capacidade de resolver problemas, mas também desenvolve uma mentalidade criativa e inovadora.

Ao praticar regularmente esse exercício, você começará a perceber que a sua criatividade e percepção das coisas está mais aguçada e você está conseguindo ver o mundo de uma perspectiva diferente e mais libertadora, afinal, você não está mais preso a pensar e agir como todos pensariam e agiriam.

OS PROCESSOS CRIATIVOS: DESVENDANDO AS FASES DA CRIAÇÃO

A criatividade é um fenômeno fascinante que se desenrola em fases distintas, cada uma desempenhando um papel crucial no desenvolvimento de ideias inovadoras. No coração desse processo estão cinco fases interligadas: preparação, incubação, insight, elaboração e verificação. Vamos explorar cada uma dessas fases, compreendendo como contribuem de maneira única para o resultado final do processo criativo.

1. Preparação: O Alicerce da Criatividade

A primeira fase, preparação, é o estágio inicial onde se reúnem informações, conhecimentos e inspirações relacionadas ao problema ou desafio criativo. Neste momento, os criativos estão absorvendo tudo o que pode ser relevante para o processo criativo futuro. É como construir um alicerce sólido antes de erguer a estrutura de uma ideia.

2. Incubação: O Poder do Inconsciente

Na fase de incubação, as informações coletadas durante a preparação são deixadas de lado conscientemente. É um período de pausa aparente, mas os bastidores do pensamento criativo estão agitados. O inconsciente começa a processar as informações, fazendo conexões e identificando padrões sem a interferência direta da mente consciente. É o momento em que a semente da criatividade é plantada e começa a germinar.

3. Insight: O Momento Eureka

A fase de insight é frequentemente marcada pelo famoso "aha!" ou "eureka!". É o momento em que uma ideia brilhante, uma solução criativa ou uma nova perspectiva surge repentinamente na mente do indivíduo. Este estágio muitas vezes ocorre de maneira não linear, pegando de surpresa o criativo que, após um período de incubação aparentemente inativo, de repente, percebe a resposta ou ideia desejada.

4. Elaboração: Transformando a Ideia em Realidade

Com o insight em mãos, passamos para a fase de elaboração. Aqui, a ideia ganha forma e detalhes. É o estágio em que o criativo trabalha ativamente para desenvolver a inspiração inicial em algo tangível. Desenhos, esboços, protótipos e planos detalhados começam a tomar forma. É um processo de refinamento e aprimoramento da ideia inicial.

5. Verificação: Testando e Ajustando

A última fase, verificação, envolve testar a ideia em prática e ajustar conforme necessário. Este estágio é crucial para garantir que a ideia seja viável e atenda às expectativas. Durante a verificação, os criativos podem identificar pontos fracos, fazer ajustes finais e garantir que a ideia final esteja alinhada com os objetivos estabelecidos.

Como Cada Fase Contribui para o Resultado Final

Cada uma dessas fases desempenha um papel crucial no processo criativo global. A preparação estabelece as bases, a incubação permite a fermentação criativa, o insight traz a revelação, a elaboração dá forma à inspiração e a verificação garante a funcionalidade e aplicabilidade. É uma jornada cíclica e dinâmica, na qual cada fase contribui de maneira única para o resultado final.

Compreender essas fases não apenas fornece insights valiosos sobre o funcionamento da criatividade, mas também oferece aos criativos uma estrutura sólida para aprimorar e otimizar seu próprio processo criativo. Ao reconhecer a importância de cada fase, os indivíduos podem nutrir conscientemente sua criatividade, maximizando o potencial para a geração de ideias verdadeiramente inovadoras.

DESENVOLVENDO A CRIATIVIDADE

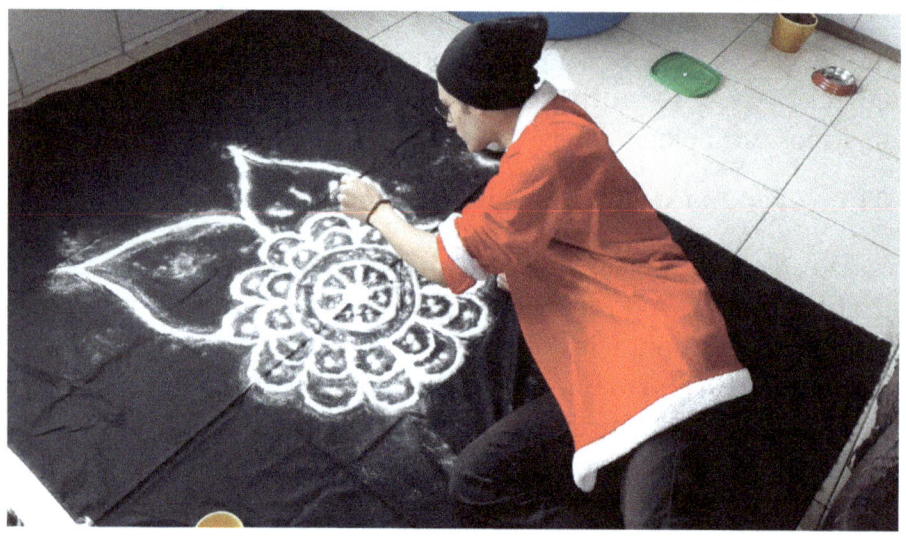

CRIATIVIDADE QUE TRANSFORMA MUNDOS

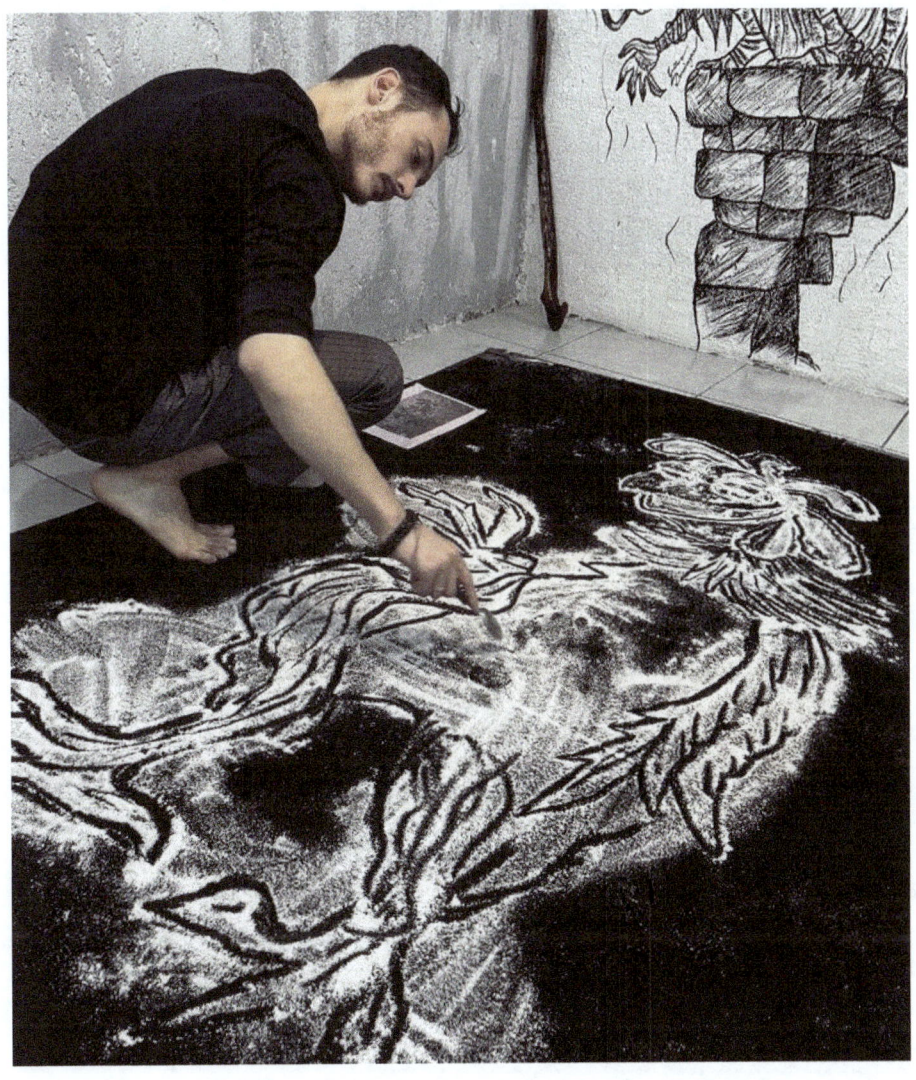

TÉCNICAS DE GERAÇÃO DE IDEIAS: EXPLORANDO O MUNDO DO BRAINSTORMING E ALÉM

A geração de ideias é uma parte essencial do processo criativo, e diversas técnicas foram desenvolvidas para estimular a criatividade e a inovação. Algumas das técnicas mais conhecidas e amplamente utilizadas são o brainstorming e o uso de mapas mentais, associação livre e outras abordagens. Agora exploraremos como essas técnicas podem ser aplicadas para desbloquear a criatividade e fomentar a criação de ideias inovadoras.

Brainstorming e Suas Variações: Uma Tempestade de Ideias

O brainstorming é uma técnica clássica de geração de ideias, onde um grupo se reúne para gerar uma grande quantidade de sugestões livremente. A ênfase está na quantidade, não na qualidade, encorajando a liberação de pensamento sem restrições. Existem algumas variações do brainstorming, como o brainstorming reverso (pensar em soluções inversas), brainstorming nominal (usar palavras específicas para inspirar ideias) e o brainstorming em cadeia (construção colaborativa de ideias a partir de um ponto inicial). Vamos falar um pouco sobre cada uma dessas variações.

Brainstorming Tradicional

No brainstorming tradicional, um grupo de pessoas se reúne para compartilhar ideias sobre um determinado tópico ou problema. As regras básicas incluem a suspensão do julgamento, a busca pela quantidade de ideias e o incentivo à construção sobre as ideias dos outros. Essa técnica é eficaz para quebrar bloqueios criativos e fomentar uma ideia criativa e inovadora.

Vamos aplicar a técnica da seguinte forma: Em grupo ou individualmente, tenha em mente o que quer criar, qual o assunto/tema da ideia/solução que quer trazer à tona. A partir daqui, o julgamento será cessado e vamos deixar vir à tona TUDO que vier em nossas mentes e vamos anotar isso. Anotaremos literalmente tudo, independente se parece ser algo bom ou não, vamos anotar tudo sem julgamento.

[Anotação manuscrita: Brainstorm — {Ideias de Bolos Novos} — Bolo com leite — Produção — Queijo — Mandioca]

Após deixar vir essa avalanche de ideias, vamos entrar no processo de filtragem. Aqui sim começaremos a julgar, vamos ver o que tem de bom e ruim em cada ideia e vamos selecionando. Depois iremos pegar tudo de bom de cada ideia e juntar em uma ideia só. Criando assim nossa ideia/solução final. Conseguimos aplicar esse conceito para tudo em nossas vidas, veremos mais adiante adaptações de todas essas técnicas e aplicações no dia a dia.

[Nota manuscrita:]

Filtragem
- Ideias Boas + mescla de Ideias

- Bolo de Pão de Queijo
- Bolo de leite com acompanhamento de Café

Perceba que na filtragem, fazemos uma mescla de ideias, vamos juntando um monte de ideias e conceitos. Nesse processo acontece muito de surgir uma ideia bem melhor que nem havíamos anotado ou pensado. Por isso, esta técnica é excelente para sair do bloqueio criativo e resolver coisas e ter ideias inovadoras.

Inclusive podemos usar esse método para inovar em nossos produtos e negócios. Basta listarmos tudo que vem na nossa cabeça quando pensamos no produto, depois tudo que vem sobre quando pensamos nos defeitos e nas qualidades. Por fim listamos tudo sobre os produtos semelhantes. Filtramos tudo e boom! Descobrimos os pontos fortes e fracos de nosso produto e já identificamos onde podemos melhorar e inovar. Depois, aplicamos a técnica novamente para descobrir o "Como" fazer isso.

Brainstorming Reverso

O brainstorming reverso é uma variação intrigante onde o foco é desviar do problema e pensar em como causá-lo ou piorá-lo. Por exemplo, se o objetivo é melhorar a satisfação do cliente, os participantes pensariam em maneiras de diminuir a satisfação. Essa abordagem inusitada pode revelar soluções criativas ao reverter o pensamento convencional e considerar os problemas de novas maneiras.

Isso nos força a enxergar todos os erros e falhas das nossas ideias e produtos. Tomando essa atitude negativa e colocando a ideia ou produto em cenários insatisfatórios, descobrimos onde podemos melhorar e quais são os pontos de melhoria.

Brainstorming Nominal

O brainstorming nominal é uma técnica onde os participantes escrevem suas ideias individualmente antes de compartilhá-las com o grupo. Isso pode ajudar a evitar o domínio de uma única voz e garantir que todas as ideias sejam consideradas. Após a fase individual, as ideias são coletadas e discutidas em grupo, promovendo uma discussão mais equitativa e diversificada.

Brainstorming em Cadeia

No brainstorming em cadeia, uma ideia inicial é apresentada e, em seguida, cada participante contribui com uma ideia que se baseia na anterior. Essa abordagem cria uma cadeia de pensamento colaborativo, onde cada contribuição adiciona uma nova camada de complexidade e potencial à ideia original.

Isso é bem interessante de se fazer individualmente também. Basta pegar uma ideia e ir discutindo ela consigo mesmo, como se fosse uma conversa com outra pessoa. Uma ideia puxa a outra e você vai somando e discutindo sobre a própria ideia e se perde nesta conversa. Com isso você irá perceber que conversas internas são incríveis e poderosas para resolução de problemas e criação de mundos criativos.

Essas variações ampliam as possibilidades e permitem que os participantes explorem diferentes perspectivas, estimulando a criatividade por meio da diversidade de abordagens. O brainstorming é uma ferramenta versátil que pode ser adaptada a várias situações, desde a solução de problemas até a geração de conceitos inovadores.

Mapas Mentais, Associação Livre e Outras

Abordagens: Explorando as Conexões Criativas

Vamos conhecer algumas das formas de fazer elaborações criativas mais poderosas que existem. Elas são poderosas ferramentas pois a estrutura delas se assemelha a como nosso cérebro organiza informações e faz conexões neurais.

Mapas Mentais

Os mapas mentais, desenvolvidos por Tony Buzan, são diagramas que organizam informações de forma hierárquica ao redor de um conceito central. Usando palavras-chave, cores e imagens, os participantes criam ramificações que exploram diferentes aspectos de um tema. Essa visualização permite identificar conexões ocultas entre ideias e facilita a organização de pensamentos complexos de maneira clara e acessível.

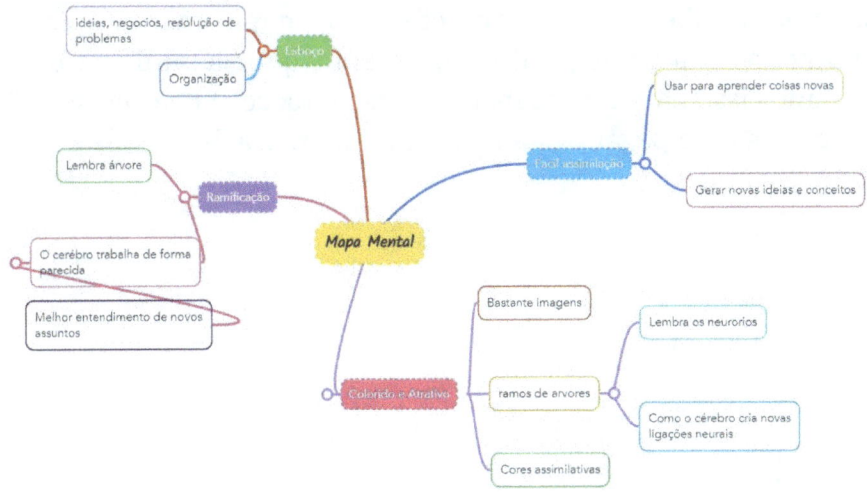

Você pode usar um mapa mental para fazer qualquer coisa, desde aprender coisas novas, gerar ideias, assimilar conhecimentos, fazer esboços, apresentações e rascunhos, as possibilidades são enormes. Pegue o tema principal e coloque-o no meio, bem destacado. Então comece puxando ramos e vá colocando os tópicos, depois os subtópicos e assim vai fazendo várias camadas e ramificações.

Vá ramificando com ideias e conceitos que vem na mente. Por exemplo: Tópico: Café - café lembra grão - grão lembra terra - terra lembra árvore

E assim vamos criando associações. Isto é fenomenal para aprendermos coisas novas e nosso cérebro compreende de forma muito mais fácil a assimilação de novos conceitos e ideias, afinal, nossas conexões neurais funcionam da mesma forma, em ramificações.

Com o tempo você consegue até mesmo fazer esses mapas mentais em sua mente, sem precisar de papel, mas é sempre bom colocar no papel para ter um controle e acompanhamento melhor de tudo.

 Podemos também fazer variações do mapa mental. Basta pegarmos a ideia principal do mapa mental que é a ramificação, ai utilizamos isso para fazer esboços, listas e rascunhos criativos. O importante para pegar desta técnica é a maneira de organizar informações, onde saímos daquele conceito quadrado de pensar e começamos a pensar de maneira mais fluida e dinâmica.

Associação Livre

A associação livre é outra técnica eficaz que incentiva o pensamento não linear. Nesse método, os participantes são encorajados a expressar livremente qualquer ideia que venha à mente, sem censura ou filtro. A associação livre abre as portas para ideias inesperadas e soluções criativas, muitas vezes derivadas de pensamentos aparentemente desconexos. Essa técnica é particularmente útil quando se busca inovação radical, pois permite a exploração de caminhos de pensamento menos óbvios.

A aplicação é simples, pegue um tema base, uma frase ou até mesmo uma palavra e comece um jogo de associação. Vá trazendo à tona tudo que vier à mente. No final é só filtrar tudo. Você irá perceber que fazendo isto as ideias vão vir e conexões geniais serão formadas.

Tópico: Música

Música me lembra dança, dança me lembra ritmo, ritmo me lembra instrumento, instrumento me lembra melodia, melodia me lembra poema, poema me lembra arte.

É uma técnica divertida e que deixará seus pensamentos mais soltos, mais criativos e principalmente mais aguçados para pegar ideias no ar. Inclusive podemos fazer essa brincadeira em grupo, é bem legal! Podemos usar com rimas também. Tudo isso estimula a criatividade e deixa seus pensamentos menos lineares, ou seja, menos óbvios e quadrados.

Lembre-se sempre disso: A criatividade é um fogo fluido e leve, tem que ser cultivado e direcionado como se direciona uma bela dama em uma dança clássica, com leveza e fluidez, sempre de forma natural e elegante.

SCAMPER

Além disso, outras abordagens, como o SCAMPER (Substituir, Combinar, Adaptar, Modificar, Proporcionar, Eliminar e Rearranjar), estimulam a modificação e transformação de conceitos existentes, fornecendo uma estrutura para explorar diferentes perspectivas. O SCAMPER é uma lista de verificação de perguntas que ajuda a reimaginar e reinventar produtos, serviços e processos existentes, promovendo a inovação incremental e radical.

Isso é o processo de filtragem, utilize as técnicas ensinadas acima e depois aplique o SCAMPER para fazer a organização, combinação e estruturação da sua ideia, plano, produto ou qualquer outra coisa final.

INTEGRANDO AS TÉCNICAS: UMA ABORDAGEM HOLÍSTICA PARA A CRIATIVIDADE

Enquanto o brainstorming se destaca na geração rápida de ideias e o uso de mapas mentais e associação livre destaca conexões e padrões, a combinação dessas técnicas pode resultar em uma abordagem holística para a criatividade. Imagine uma sessão de brainstorming iniciada com uma palavra-chave que se desdobra em um mapa mental, e, em seguida, uma fase de associação livre para explorar ainda mais as conexões.

Uma sessão combinada pode começar com um brainstorming tradicional para gerar uma lista ampla de ideias. Essas ideias podem então ser organizadas em um mapa mental para identificar temas e padrões subjacentes. Em seguida, a técnica de associação livre pode ser usada para explorar profundamente as conexões entre esses temas, revelando novas direções e oportunidades.

Essa integração permite que os participantes explorem as nuances de um problema ou conceito, promovendo uma compreensão mais profunda e, eventualmente, levando a soluções mais inovadoras. A combinação de técnicas oferece flexibilidade e adaptabilidade, permitindo que os criativos personalizem sua abordagem de acordo com as demandas específicas de cada situação. Por exemplo, em um ambiente empresarial, o brainstorming pode ser combinado com o SCAMPER para explorar melhorias em produtos existentes, enquanto em contextos educacionais, mapas mentais podem ajudar estudantes a conectar diferentes áreas de conhecimento.

Expandindo Horizontes Criativos

As técnicas de geração de ideias, como o brainstorming e

as abordagens baseadas em mapas mentais e associação livre, são ferramentas poderosas no arsenal de qualquer criativo. Ao compreender e integrar essas técnicas, os indivíduos podem expandir seus horizontes criativos, estimular novas conexões mentais e gerar ideias inovadoras que impulsionam o processo criativo para além dos limites convencionais.

Experimente diferentes combinações, ajuste conforme necessário e descubra a diversidade de possibilidades que essas técnicas oferecem para liberar o potencial ilimitado da sua criatividade. Com a prática e a experimentação, essas técnicas podem transformar a maneira como você aborda a resolução de problemas e a inovação, permitindo que você alcance novos patamares de sucesso criativo.

CRIANDO UMA CONDIÇÃO PARA CRIATIVIDADE

A criatividade é um fogo que deve ser cultivado e mantido aceso. Eu poderia te ensinar todas as técnicas existentes e todas as teorias já criadas, mas se você não tiver um ambiente propício para a semente se desenvolver, ela nunca crescerá e dará frutos. A sua condição interna é o fator mais importante na equação de tudo em sua vida e isso interfere diretamente em todos os seus resultados.

Tenha em mente que seu mundo interior tem que estar receptivo para a energia da criatividade, o fogo transformador, flua por ti e você seja o caminho para o nascimento de ideias inovadoras e criativas.

Compreender suas emoções, pensamentos e comportamentos é fundamental. Ao reconhecer e superar bloqueios internos, você libera o caminho para o fluxo criativo e a manifestação de seus objetivos. Práticas que promovem a atenção plena e a calma mental ajudam a clarear a mente e a abrir espaço para novas ideias e visualizações poderosas. Meditar sobre seus desejos e objetivos fortalece sua intenção e atrai o que você deseja.

Manter-se curioso e em busca de novos conhecimentos e experiências alimenta a criatividade e amplia suas perspectivas. Ao expandir sua mente, você se torna mais apto a visualizar e atrair novas realidades. Um espaço organizado, inspirador e livre de distrações externas contribui para um estado mental mais criativo e receptivo. Um ambiente harmonioso reflete e influencia seu estado interno, facilitando a manifestação de suas intenções.

Cuidar de sua saúde física e emocional, garantindo que corpo e mente estejam em harmonia, é igualmente essencial. Exercício físico, alimentação saudável e descanso adequado mantém sua energia em alta e sua vibração alinhada com seus desejos.

 Ao criar essas condições internas e externas, você permite que a criatividade e a força de manifestação floresçam de maneira natural e poderosa. Dessa forma, você se torna um co-criador ativo de sua realidade, atraindo experiências e oportunidades que ressoam com suas intenções mais elevadas. A imaginação é o terreno fértil onde as sementes da criatividade e dos sonhos são plantadas. Cultivando-a com cuidado, você verá suas visões se materializarem na realidade, transformando desejos em experiências concretas e enriquecedoras.

 A criatividade e a co-criação são uma dança mística que você precisa aprender a dançar. É uma expressão sutil e fluida do universo, onde o equilíbrio entre ação e receptividade é essencial. Se você tentar forçar demais, a música celestial cessa. Se você se afobar, a dança estagna, bloqueando o fluxo energético. Se você não se entregar ao ritmo cósmico, a dança simplesmente desaparece. É preciso confiar no fluxo, permitir que a inspiração divina guie seus movimentos e se harmonize com as energias universais para que a dança da criatividade continue vibrante e mágica.

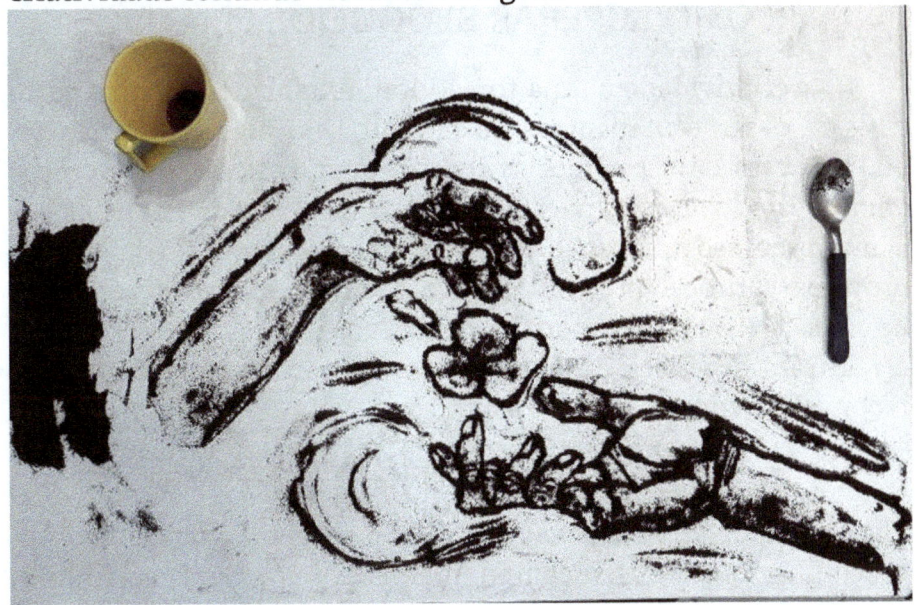

COMO SUPERAR BLOQUEIOS CRIATIVOS

A criatividade é uma força vital, uma dança mística entre o ser e o cosmos. No entanto, em alguns momentos, essa dança parece se interromper, deixando-nos presos em um estado de estagnação criativa. Superar bloqueios criativos é um processo que envolve tanto o entendimento de nossos próprios padrões internos quanto a sintonia com as energias universais. Para retornar ao fluxo criativo, é necessário reconhecer a natureza esotérica desse processo e abraçar técnicas que nos reconectam com a fonte da inspiração.

Reconhecendo a Estagnação Energética

Os bloqueios criativos muitas vezes surgem quando há um desequilíbrio em nosso campo energético. Emoções reprimidas, pensamentos negativos e estresse acumulado podem criar barreiras invisíveis que impedem o fluxo da criatividade. O primeiro passo para superar esses bloqueios é reconhecê-los como parte de um processo natural, não se culpar por sua existência e principalmente não se prender a esses estados de espírito.

Purificação e Alinhamento Energético

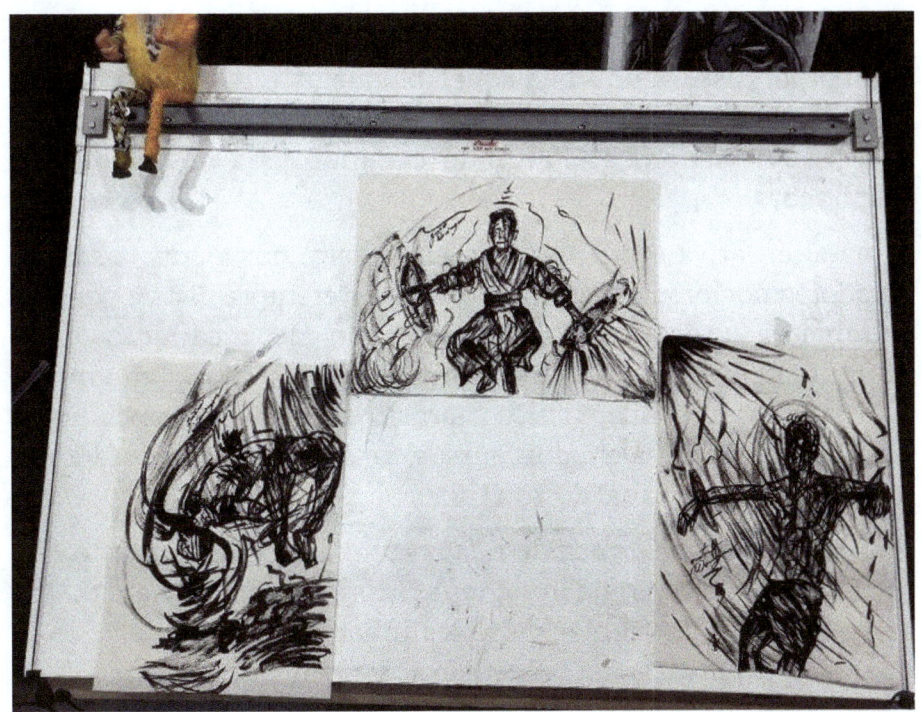

Para restaurar o fluxo criativo, é fundamental purificar e alinhar nossas energias. Práticas como a meditação, o reiki e a visualização criativa podem ser extremamente eficazes. Imagine uma luz brilhante percorrendo seu corpo, dissolvendo quaisquer bloqueios e revitalizando seu espírito. Esse processo de purificação permite que a energia criativa flua livremente, abrindo caminho para novas ideias e inspirações.

Uma alternativa extremamente eficaz para nos ajudar a sair de estados emocionais desajustados é a arteterapia. Esta poderosa ferramenta utiliza a arte como meio de meditação e de enfrentamento de emoções e problemas internos. Embora eu não vá me aprofundar muito sobre arteterapia aqui, já dediquei bastante a este tema em dois cursos, um e-book e diversos vídeos gratuitos no meu canal do YouTube.

Existem diversas formas de nos re-alinharmos, recomendo que teste algumas e veja qual lhe agrada mais e é mais fácil para ti. Vou te passar algumas formas de se realinhar e você pode ir fazendo adaptações que mais lhe convém, basta entender o princípio.

Conectando-se com a Fonte Divina

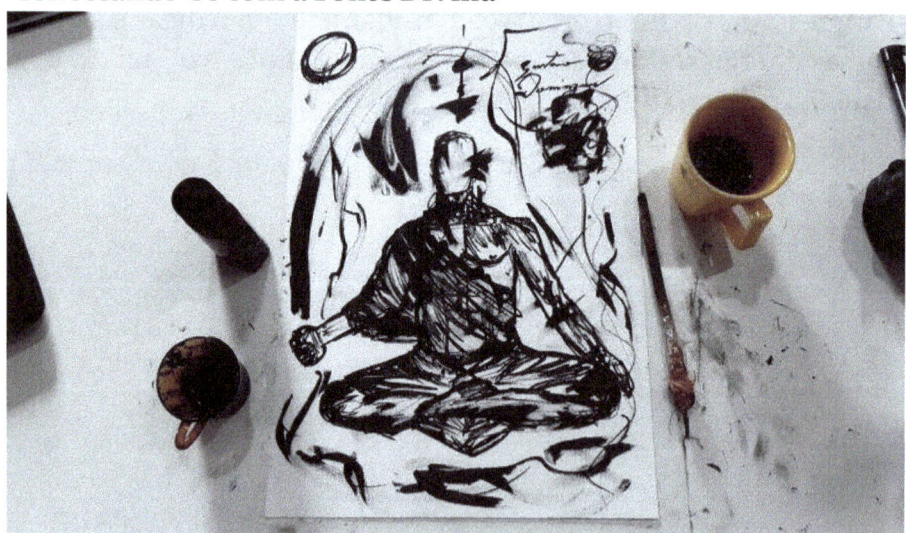

A criatividade é uma expressão da conexão com o divino, uma dança com as forças cósmicas. Conectar-se com essa fonte é essencial para desbloquear o potencial criativo. Pratique a contemplação em um espaço sagrado, rodeado por elementos que elevem sua vibração, como cristais, incensos e símbolos espirituais. Permita-se sentir a presença da energia universal e deixe-a guiar seus pensamentos e ações.

A energia criativa está presente em todos os lugares, aprenda a enxergar ela e á apreciá-lá. Em momentos de bloqueios criativos, não fique preocupado ou ansioso, entenda como funciona o fluxo inspirador e simplesmente aprecie o momento.

Como na dança, a criatividade exige um equilíbrio entre movimento e quietude, entre ação e receptividade. Aprenda a respeitar seu próprio ritmo e não force o processo criativo. Se a inspiração não vier imediatamente, permita-se um momento de pausa. Saia para a natureza, respire profundamente, ouça a música da vida ao seu redor. Às vezes, a resposta vem quando menos esperamos, no silêncio entre os pensamentos.

incorporar rituais em sua rotina pode ser uma poderosa ferramenta para desbloquear a criatividade. Escrever suas intenções em um diário mágico, traçando símbolos e palavras de poder que ressoem com seu propósito, é uma prática que canaliza suas energias e foca sua mente.

Um ritual que eu frequentemente uso é fazer um café. Quando me encontro bloqueado, simplesmente paro e vou preparar uma xícara de café. Esse pequeno ato me ajuda a relaxar e a liberar a mente das pressões criativas. Às vezes, também assisto a um filme ou uma série, permitindo que minha mente vagueie sem preocupações. Esses rituais são essenciais para que as ideias fluam naturalmente.

É importante compreender que, ao enfrentar um bloqueio criativo, quanto mais você tentar forçar a saída de uma ideia, menos provável é que ela apareça. A criatividade é uma energia livre e fluida; você precisa dar espaço para que ela se manifeste, em vez de tentar controlá-la rigidamente. Ao cultivar um ambiente de relaxamento e abertura, você cria condições favoráveis para que a inspiração surja espontaneamente.

Esses rituais ancoram sua intenção no plano material, facilitando a manifestação de suas ideias.

Confiança e Entrega

Finalmente, a chave para superar bloqueios criativos é confiar no processo e se entregar ao fluxo da vida. A criatividade é uma dança sagrada com o universo, e às vezes, os passos podem parecer incertos. Confie que a inspiração retornará, e que você está exatamente onde precisa estar em sua jornada criativa. Solte o controle excessivo e permita que a magia do cosmos trabalhe através de você. Essa é uma técnica que vamos aprender a mesclar com a técnica do subconsciente mais para frente, então já comece a colocar em prática.

Superar bloqueios criativos é um processo de autoconhecimento, purificação energética e conexão com o divino. Ao alinhar-se com as energias universais e respeitar seu próprio ritmo, você abre espaço para que a criatividade flua livremente. Lembre-se de que a criatividade é uma dança mística, uma expressão da energia cósmica que se move através de você. Com práticas espirituais e uma atitude de confiança e entrega, você pode transformar bloqueios em oportunidades de crescimento e manifestação, permitindo que a dança da inspiração continue vibrante e mágica.

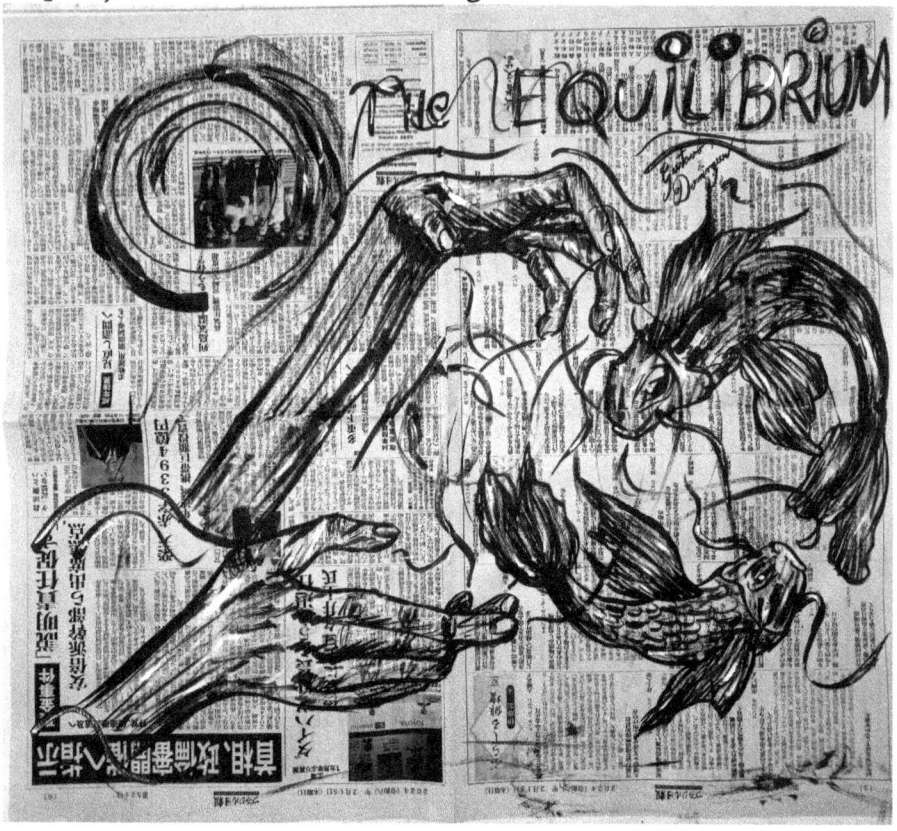

PENSAMENTO CRÍTICO E BUSCA POR SOLUÇÕES CRIATIVAS

Em um mundo em constante transformação, a capacidade de pensar criticamente e buscar soluções criativas se torna cada vez mais essencial. A união dessas duas forças, o pensamento crítico e a criatividade, formam uma dança harmoniosa que nos permite enfrentar desafios complexos e transformar problemas em oportunidades. Para entender essa relação e como aprimorá-la, é necessário explorar os fundamentos de cada componente e a sinergia que surge quando são combinados.

O Poder do Pensamento Crítico

O pensamento crítico é a capacidade de analisar, avaliar e julgar informações de maneira lógica e objetiva. Ele nos permite questionar suposições, identificar falácias e separar fatos de opiniões. Este processo mental é crucial para a tomada de decisões informadas e a resolução de problemas de forma eficaz.

Para desenvolver o pensamento crítico, algumas práticas são fundamentais:

- **Questionamento Profundo:** Não aceite informações pelo valor de face. Pergunte "por quê", "como" e "o que mais" para entender as raízes de um problema.
- **Análise de Perspectivas:** Considere diferentes pontos de vista e avalie como cada um contribui para a compreensão total do problema.
- **Avaliação de Evidências:** Verifique a veracidade e a relevância das informações disponíveis, buscando fontes confiáveis e dados empíricos.

A Magia da Criatividade

A criatividade, por outro lado, é a habilidade de gerar novas ideias e soluções originais. É um processo intuitivo que envolve a imaginação, a inovação e a capacidade de ver conexões inusitadas entre conceitos aparentemente díspares. A criatividade é essencial para a adaptação e a inovação, permitindo que encontremos maneiras únicas de enfrentar desafios.

Cultivar a criatividade envolve práticas como:

- **Ambiente Inspirador:** Crie um espaço físico e mental que estimule a inspiração e a inovação.
- **Exploração e Curiosidade:** Permita-se experimentar, errar e aprender com diversas experiências e conhecimentos.
- **Relaxamento e Mindfulness:** Muitas vezes, as melhores ideias surgem quando estamos relaxados e presentes no momento, permitindo que o subconsciente trabalhe livremente.

A Dança Entre Crítico e Criativo

A verdadeira magia acontece quando o pensamento crítico e a criatividade dançam juntos. O pensamento crítico oferece uma base sólida para a criatividade florescer de maneira eficaz, enquanto a criatividade infunde novas perspectivas e soluções inovadoras ao pensamento crítico.

Práticas para Harmonizar Crítico e Criativo

Para combinar essas duas forças de maneira eficaz, considere as seguintes práticas:

- **Brainstorming Estruturado:** Utilize sessões de brainstorming para gerar ideias criativas, seguidas por uma análise crítica para avaliar a viabilidade das melhores sugestões.
- **Reflexão e Feedback:** Após implementar uma solução criativa, use o pensamento crítico para refletir sobre os resultados e buscar feedback, ajustando conforme necessário.
- **Equilíbrio entre Análise e Intuição:** Aprenda a confiar tanto em dados concretos quanto em sua intuição. A combinação dessas abordagens pode levar a soluções mais equilibradas e inovadoras.

A busca por soluções criativas, quando ancoradas no pensamento crítico, nos permite navegar pelos desafios com confiança e inovação. Ao desenvolver ambas as habilidades e aprender a equilibrá-las, você se torna mais capaz de transformar obstáculos em oportunidades, encontrar soluções originais e efetivas, e contribuir de maneira significativa para um mundo em constante evolução. Esta dança harmoniosa entre a análise lógica e a imaginação criativa é a chave para um futuro mais brilhante e inovador.

A ARTE DE INOVAR

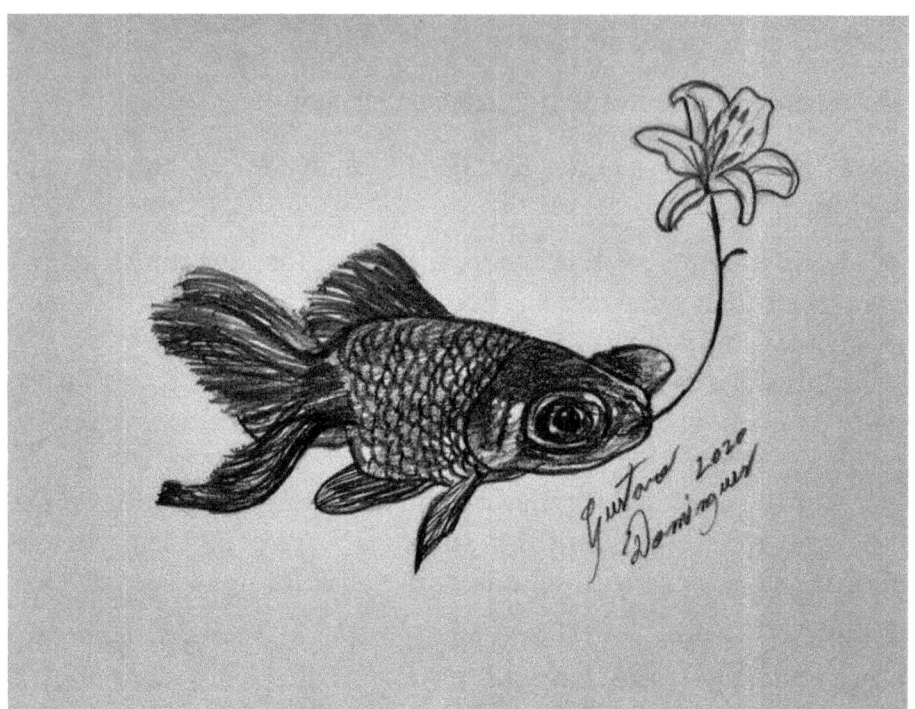

No vasto cenário da história humana, a inovação sempre se ergueu como uma luz orientadora, transformando o desconhecido em descobertas, e o comum em extraordinário. Desde os primórdios, nossos ancestrais aprenderam a adaptar e moldar seu ambiente, iniciando um legado de transformação contínua que permeia cada aspecto de nossas vidas. Neste capítulo, mergulhamos nas águas profundas da inovação. Prepare-se para desvendar os segredos da mente inovadora e embarcar em uma jornada que irá inspirar e desafiar sua própria capacidade de criar e transformar.

Copie para ser autêntico - a contradição que te faz inovar!

Na jornada da aprendizagem humana, desde os primeiros passos até as mais complexas criações, há um princípio fundamental que permeia cada conquista: copiamos para aprender. Desde que nascemos, imitamos os gestos, palavras e comportamentos daqueles ao nosso redor. Esta habilidade não é apenas inata, mas essencial para nosso desenvolvimento cognitivo e social. Surpreendentemente, a cópia não se limita à infância; continua a ser uma ferramenta poderosa ao longo de nossas vidas, inclusive no mundo da inovação.

A NATUREZA DA CÓPIA NA APRENDIZAGEM

A cópia é a base do aprendizado humano. Crianças aprendem a falar repetindo sons e palavras que ouvem; aprendem a andar imitando movimentos observados. Em um nível mais avançado, aprendemos habilidades complexas através da observação e emulação de especialistas. O renomado psicólogo Albert Bandura descreveu este processo como "aprendizagem por modelagem", onde observamos e reproduzimos comportamentos observados para adquirir novas competências.

Copiar não é simplesmente replicar; é também um meio de reflexão e autoconhecimento. Ao imitar outros, espelhamos suas técnicas e abordagens. Isso nos permite não apenas aprender habilidades específicas, mas também explorar diferentes estilos e perspectivas. Por exemplo, artistas estudam mestres antigos para entender técnicas de pintura e expressão emocional. Músicos iniciantes reproduzem obras clássicas para dominar a técnica e a interpretação. Essa imersão nos permite absorver e internalizar o conhecimento que, com o tempo, se torna parte de nossa própria identidade criativa.

A cópia é uma fase essencial no processo de aprendizado. No entanto, seu valor transcende a mera replicação. Como disse Pablo Picasso, "os bons artistas copiam, os grandes artistas roubam". O roubo aqui não é literal, mas uma metáfora para a transformação criativa. Ao copiar, internalizamos princípios fundamentais e estruturas, que posteriormente nos capacitam a inovar. Steve Jobs, por exemplo, combinou ideias de diferentes fontes para criar produtos revolucionários na Apple, como o iPod e o iPhone.

Inovar através da Cópia

A inovação muitas vezes emerge da síntese de ideias existentes.

A cópia, quando usada como um trampolim para a criatividade, permite que criemos algo novo ao re-contextualizar, combinar e adaptar conceitos pré-existentes. A história está repleta de exemplos disso: a roda, a máquina a vapor, o computador pessoal — todas essas invenções foram construídas sobre a base de descobertas anteriores.

Pare e pense: tudo ao nosso redor, desde as estruturas mais simples até as mais complexas invenções da humanidade, encontram sua origem na própria natureza. Desde o voo dos pássaros que inspirou a aviação até os padrões geométricos das folhas que influenciam arquiteturas modernas, a natureza tem sido a maior fonte de inovação e inspiração. Cada projeto, cada invenção, cada avanço científico é, em essência, uma adaptação e evolução dos princípios naturais que nos cercam.

Pegue como exemplo o Bernard Sadow, o homem que inventou as rodinhas nas malas de viagem; A roda já existia e era muito usada, ele simplesmente "copiou" a roda e mudou o contexto dela e a aplicação; Inovou a partir de algo existente. Tenha em mente o seguinte: prenda sempre com os melhores e absorva o que há de melhor neles; assimile suas práticas excelentes. Após compreender profundamente o que já foi estabelecido, aprimore-o ainda mais, trazendo uma nova visão e uma abordagem inovadora

Portanto, copiar para ser autêntico é mais do que uma contradição; é uma estratégia poderosa para o aprendizado e a inovação. Ao abraçar a cópia como um meio de aprendizagem e crescimento, podemos espelhar os mestres, aprender suas técnicas e, eventualmente, transformar o que absorvemos em algo novo e original. Nossa capacidade de inovar não reside apenas na criação do novo do nada, mas na habilidade de reimaginar e reinventar o que já existe. Assim, ao copiar para aprender, podemos nos tornar os agentes da mudança e da inovação que moldam o futuro.

Este é o paradoxo da cópia que nos impulsiona a novas alturas criativas e nos capacita a deixar nossa marca única no mundo.

COMO CRIAR UMA MARCA E UM LEGADO

Como criar uma marca e um legado é uma jornada que transcende simplesmente estabelecer uma presença no mercado. Envolve um compromisso profundo com a autenticidade, a visão e a conexão emocional com seu público-alvo. No cerne desse processo está a arte de definir uma identidade única e memorável, que não apenas diferencia sua marca, mas também ressoa profundamente com os valores e aspirações dos consumidores.

Começa-se com uma visão clara e inspiradora que serve como um farol orientador, não apenas para os líderes e fundadores, mas para todos os colaboradores e stakeholders envolvidos. Esta visão não é apenas uma declaração de missão, mas um catalisador para a inovação e a excelência em cada aspecto do negócio. É o que impulsiona a busca incessante pela qualidade, pela criatividade e pela melhoria contínua.

Para construir um legado duradouro, é essencial estabelecer valores sólidos que servem como alicerce ético e cultural da organização. Esses valores não são apenas palavras no papel, mas princípios vividos e defendidos diariamente. Eles guiam todas as decisões, desde a escolha dos colaboradores até a forma como se interage com os clientes e se enfrenta desafios.

No âmago da criação de uma marca e um legado está a inovação constante. A capacidade de se adaptar às mudanças do mercado, às novas tecnologias e às demandas dos consumidores é crucial para a sobrevivência e o crescimento sustentável. A inovação não deve ser vista apenas como uma necessidade pragmática, mas como uma oportunidade para redefinir constantemente os limites do possível e criar soluções que transformem positivamente a vida das pessoas.

Contudo, deixar um legado vai além do sucesso comercial. É sobre o impacto positivo que se tem no mundo e nas vidas das pessoas. É sobre construir uma comunidade de admiradores e defensores da marca, que não apenas a escolhem como preferida, mas se identificam com seus valores e se sentem parte de uma história maior.

Portanto, criar uma marca e um legado não é apenas um exercício empresarial, mas um compromisso profundo e apaixonado com a excelência, a integridade e a responsabilidade. É sobre perseguir incansavelmente a visão inicial, adaptando-se às mudanças sem perder a essência, e deixando um impacto positivo que ressoe além das fronteiras do tempo.

A ARTE DE SE DESTACAR

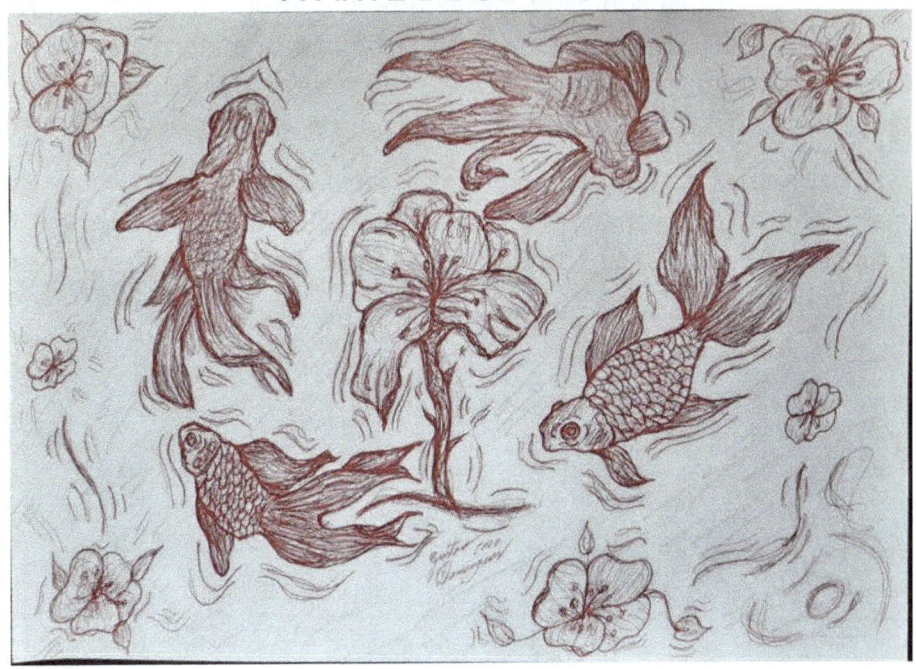

Bem-vindo a uma jornada dedicada à maestria em uma das mais nobres artes da vida: destacar-se. Neste capítulo, exploraremos técnicas universais que transcendem fronteiras e setores, guiando-o rumo à excelência e reconhecimento em qualquer campo que escolha percorrer. Aprenderemos não apenas os segredos dos mestres contemporâneos, mas também os princípios atemporais que têm elevado indivíduos e organizações ao patamar da distinção. Prepare-se para desvendar estratégias que não apenas inspiram, mas também capacitam você a moldar seu próprio caminho para o sucesso duradouro.

As bases para se destacar

Destacar-se em qualquer campo requer não apenas talento, mas um conjunto sólido de bases que sustentam o crescimento pessoal e profissional. Essas bases não são apenas técnicas ou habilidades específicas, mas sim fundamentos que transcendem as circunstâncias e são fundamentais para o sucesso sustentável.

Em primeiro lugar, a paixão e o propósito são os pilares sobre os quais se constrói uma trajetória de destaque. A paixão alimenta a motivação intrínseca, impulsionando-nos a superar obstáculos e buscar constantemente a excelência.

Quando combinada com um propósito claro e inspirador, ela se transforma em uma força motriz que guia cada decisão e ação.

Além disso, a autenticidade é essencial para se destacar de maneira genuína e duradoura. Ser autêntico significa alinhar suas ações com seus valores e crenças, construindo uma reputação baseada na integridade e na transparência. Isso não apenas atrai a confiança daqueles ao seu redor, mas também cria conexões significativas que sustentam relacionamentos pessoais e profissionais ao longo do tempo.

Outro fundamento crucial é o compromisso com a aprendizagem contínua e o desenvolvimento pessoal. Em um mundo em constante mudança, aqueles que se destacam são os que estão sempre buscando expandir seus conhecimentos, adquirir novas habilidades e adaptar-se às novas realidades. Isso não só mantém a mente afiada, mas também abre portas para novas oportunidades e possibilidades de crescimento.

Por fim, a resiliência e a capacidade de lidar com o fracasso são essenciais para enfrentar os desafios inevitáveis ao longo do caminho. Aqueles que se destacam não são imunes às adversidades, mas têm a habilidade de aprender com elas, se recuperar e seguir em frente com determinação renovada.

Em suma, as bases para se destacar não se limitam a habilidades técnicas ou talento inato; são fundamentos que sustentam uma jornada de crescimento pessoal e profissional contínuo. Ao cultivar paixão, autenticidade, aprendizado constante e resiliência, você estará construindo uma base sólida que não apenas o eleva, mas também o prepara para enfrentar os desafios e oportunidades que o futuro reserva.

Pavãonismo - A técnica mais sutil e poderosa de destaque

No mundo competitivo de hoje, onde a habilidade de se destacar pode determinar o sucesso ou fracasso, há uma técnica refinada que transcende o óbvio e captura a essência do brilho pessoal: o

Pavãonismo. Esta abordagem não se baseia apenas na conquista de habilidades técnicas ou na acumulação de realizações tangíveis; ela se fundamenta na arte de cativar e influenciar através da presença magnética e da habilidade de se destacar com elegância e sutileza.

O Pavãonismo é uma filosofia criada por mim que valoriza não apenas o que você sabe ou faz, mas como você se apresenta ao mundo. Inspirada na exuberância natural do pavão, que desdobra suas magníficas penas para atrair atenção, esta abordagem busca criar uma impressão memorável e positiva através de uma combinação cuidadosa de comportamento, comunicação e presença, tudo claro, de forma sutil (ou não, dependendo da situação e objetivo).

Esta abordagem não se limita a simplesmente chamar a atenção; ela celebra a individualidade e a autenticidade como pilares fundamentais para inspirar e influenciar. Ao dominar o Pavãonismo, você não apenas se posiciona como um líder de pensamento, mas também cria um magnetismo pessoal que atrai oportunidades e conexões valiosas em qualquer setor ou indústria.

Podemos utilizar a técnica do pavãonismo de maneira sutil ou mais evidente, dependendo do nosso objetivo. Um exemplo emblemático são os membros da banda "Mamonas Assassinas". Eles não apenas se destacavam por sua música irreverente, mas também pela forma exagerada e única de se vestir, utilizando cores vibrantes e estilos excêntricos. Esse é um exemplo claro de pavãonismo aplicado com intenção de chamar atenção e criar uma identidade visual marcante.

Ao contrário do conceito de vaca roxa no marketing, onde algo único e exclusivo se destaca por sua singularidade, o pavãonismo busca destacar-se de maneira mais chamativa e intencional. Enquanto a vaca roxa é reconhecida por ser singular e excepcional em um mercado, o pavão utiliza artifícios visuais e comportamentais para atrair olhares e criar uma identidade memorável.

Podemos alcançar destaque de várias formas, desde elementos sutis na vestimenta até na maneira de se comunicar. Por exemplo, um empresário que sempre usa um distintivo de lapela incomum pode criar uma associação visual que o destaque em eventos. Da mesma forma, a escolha de palavras específicas ou um estilo de comunicação único pode fazer com que os outros associem automaticamente essas características conosco.

Podemos aplicar o conceito também utilizando elementos que gerem curiosidade, dúvidas e engajamento, como por exemplo quando eu comecei no meu canal do youtube. Eu usava uma túnica de papai noel e isso gerava muitas dúvidas do porque eu fazia aquilo e qual era o sentido.

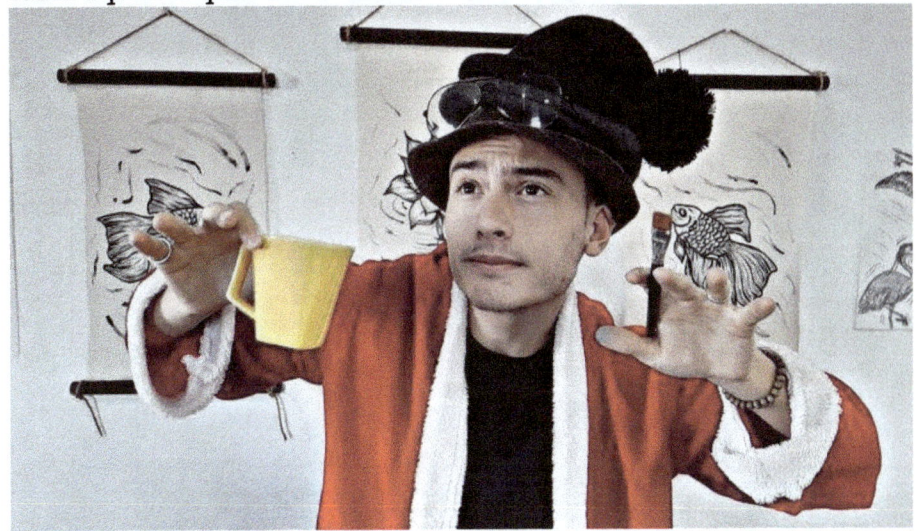

Outra forma de aplicar o conceito é usando um floreio, um bordão ou algo parecido. Apliquei esta técnica em meus vídeos do youtube, onde eu abria o vídeo fazendo um floreio com meu chapéu. Isso cria um destaque sutil e é algo comentado pelos espectadores, tornando você uma figura interessante e diferente.

Essas técnicas não se limitam apenas ao visual ou à comunicação verbal. Marcas e indivíduos podem aplicar o pavãonismo em seus produtos, serviços ou até mesmo na forma como interagem nas redes sociais, criando uma presença que seja tanto memorável quanto distintiva.

Em resumo, o pavãonismo é uma estratégia deliberada de diferenciação que pode ser utilizada de diversas maneiras, dependendo do contexto e dos objetivos desejados. É uma ferramenta poderosa para quem busca se destacar e criar uma identidade forte e reconhecível no mercado ou na sociedade em geral.

ENTRANDO NO VORTEX DA CRIATIVIDADE E INOVAÇÃO

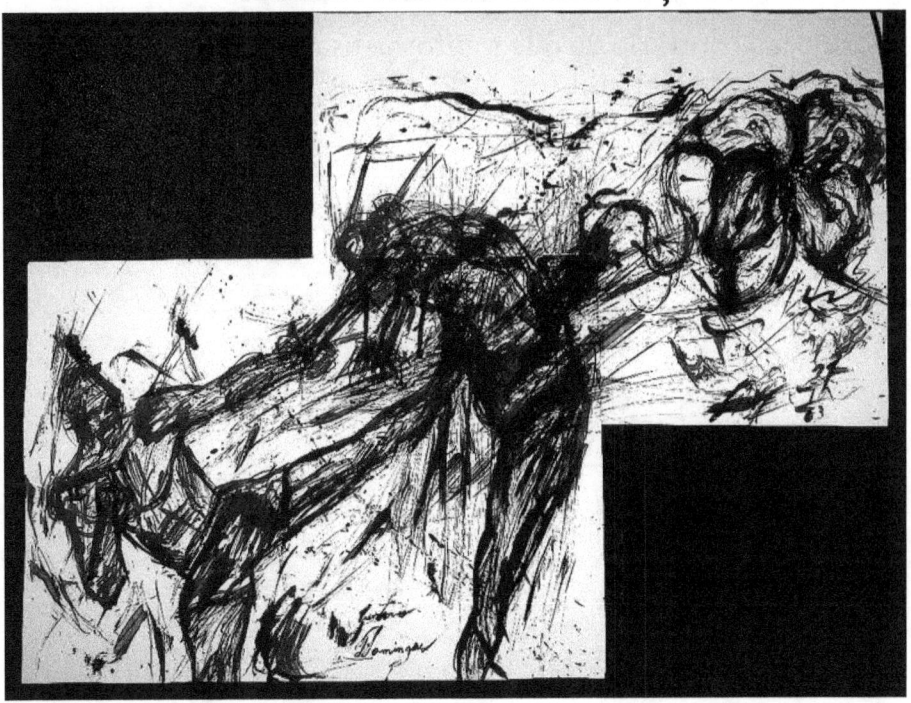

Bem-vindo ao coração pulsante da criatividade e inovação, onde ideias nascem e ganham vida, transformando-se em soluções que moldam o futuro. Este capítulo é um convite para abrir sua mente, desafiar limites e abraçar o potencial ilimitado que reside dentro de cada um de nós. Vamos juntos entrar no vórtice da criatividade e inovação, um lugar onde a imaginação não tem limites e a inovação é a força motriz que nos leva adiante.

Como usar o tédio ao nosso favor

Vivemos em um mundo onde a constante atividade e a

produtividade são frequentemente exaltadas como virtudes essenciais. No entanto, a busca incessante por ocupação pode nos afastar de uma importante fonte de inspiração e criatividade: o tédio. Este estado, muitas vezes desprezado, pode ser um poderoso aliado na co-criação de nossa realidade.

 O tédio, ao contrário do que muitos pensam, não é um inimigo a ser combatido, mas sim um estado de espírito que nos permite desacelerar e nos conectar com nosso eu interior. É nesse momento de aparente ociosidade que nossa mente tem a oportunidade de divagar, explorar novas ideias e fazer conexões inesperadas. Quando nos permitimos ficar sem fazer nada, abrimos espaço para a criatividade florescer.

Historicamente, muitos grandes pensadores e inovadores reconheceram o valor do tédio. Albert Einstein, por exemplo, concebeu a teoria da relatividade enquanto trabalhava em um escritório de patentes, onde suas tarefas rotineiras lhe permitiam tempo para pensar profundamente. Da mesma forma, Isaac Newton formulou suas teorias revolucionárias sobre a gravidade enquanto observava uma maçã cair de uma árvore, em um momento de reflexão tranquila.

Ao nos afastarmos das distrações constantes e nos permitirmos o luxo de momentos ociosos, podemos acessar um estado mental que favorece a inovação. O tédio nos força a enfrentar nossos pensamentos, a explorar novas possibilidades e a questionar o status quo. É nesse vórtice de introspecção e contemplação que as sementes da criatividade e da inovação são plantadas.

Além disso, o tédio pode ser uma ferramenta poderosa na co-criação de nossa realidade. Quando nos permitimos momentos de quietude, somos capazes de visualizar e projetar o futuro que desejamos. Através da meditação, da escrita livre ou simplesmente da contemplação, podemos mapear nossos objetivos, identificar nossos desejos mais profundos e traçar caminhos para alcançá-los. O tédio, então, se transforma em um espaço fértil onde nossas intenções ganham forma e nossa realidade começa a se moldar.

Em um mundo que valoriza a produtividade constante, é essencial redescobrir o valor do tédio e da ociosidade. Permita-se momentos de pausa, desconecte-se das distrações e abrace o poder criativo que reside na quietude. Ao fazer isso, você não apenas enriquecerá sua vida com novas ideias e inovações, mas também co-criará uma realidade mais alinhada com seus desejos e propósitos.

Portanto, da próxima vez que se sentir entediado, lembre-se de que esse estado é um convite para explorar sua mente, desafiar seus limites e cultivar a criatividade. Use o tédio a seu favor e descubra o potencial transformador que ele pode oferecer na jornada da co-criação de sua realidade.

Prepare seu café, desacelere e se coloque em mais situações ociosas. Deixe sua mente vagar e você se entediar. Observe as crianças entediadas e veja como elas sempre descobrem coisas novas para fazer e inventam brincadeiras para se distrair. Esse é o poder do ócio. Vamos aprender mais sobre como complementar o tédio para criar e inovar.

COMO USAR SEU SUBCONSCIENTE A SEU FAVOR

Nossa mente é um poderoso aliado na geração de ideias, especialmente quando aprendemos a utilizar o subconsciente de maneira eficaz. Este componente da nossa psique opera silenciosamente em segundo plano, processando informações e fazendo conexões que muitas vezes escapam à nossa consciência. Ao aprender a dar ordens ao subconsciente e permitir que ele trabalhe por nós, podemos desbloquear um vasto potencial criativo.

O subconsciente é responsável por grande parte do nosso processamento mental, lidando com tarefas complexas sem que percebamos. Um exemplo comum é quando tentamos lembrar o nome de uma pessoa ou um fato específico, mas, por mais que nos esforcemos, não conseguimos trazer a informação à tona. No entanto, depois de um tempo, quando relaxamos e paramos de forçar a lembrança, o nome ou fato surge espontaneamente em nossa mente. Isso ocorre porque, ao liberar a pressão consciente, damos espaço para que o subconsciente faça seu trabalho.

Podemos aplicar essa mesma técnica para gerar ideias criativas. A chave está em dar uma ordem clara ao subconsciente e, em seguida, desapegar-se do resultado imediato. Por exemplo, se estamos buscando uma solução inovadora para um problema, podemos definir a intenção antes de dormir, dizendo a nós mesmos: "Quero encontrar uma nova abordagem para este desafio." Ao fazer isso, deixamos o subconsciente trabalhar enquanto dormimos, processando informações e explorando possibilidades.

Conseguimos inclusive aplicar isso na nossa rotina diária; Basta aprender a mudar de foco, como por exemplo: Quero ter uma ideia para tal negócio mas a ideia não está vindo, ao inves de ficar forçando e me desgastando, simplesmente mudo meu foco, deixo isso de lado e vou fazer outra coisa; Vou preparar um café ou adiantar outros serviços. Quando você aprender o poder de mudar o foco, deixar fluir e confiar, você vai conseguir aplicar isso em tudo em sua vida. Em momentos que você precisa resolver um problema, mas não está vendo solução, diga a si mesmo que irá conseguir resolver, mude a história que conta internamente sobre o problema e tire o foco dele.

Thomas Edison, um dos maiores inventores da história, utilizava uma técnica semelhante. Ele frequentemente cochilava com uma bola de aço na mão. Quando adormecia e a bola caía, acordava e anotava as ideias que surgiam durante esse estado de semi-consciência. Esse método permitia que seu subconsciente operasse livremente, gerando insights valiosos. O grande mestre do surrealismo, Salvador Dalí, usava uma técnica semelhante de sonhos para ter ideias de suas pinturas.

Perceba que a criação,

Livre e fluida, se desenha, Nunca forçamos nada,
A inspiração é que nos banha.

Deixe o fluxo correr solto, Ousar, sonhar, florescer, Na leveza está o envolto, Do poder de se fazer.

Sem pressa ou imposição, O mundo em arte se forma, Na livre criação, A magia sempre se transforma.

Outra prática eficaz é a meditação. Ao acalmar a mente consciente e entrar em um estado de relaxamento profundo, abrimos caminho para que o subconsciente emerja com novas ideias e soluções. Durante a meditação, podemos visualizar o problema ou desafio, e então soltar a necessidade de encontrar uma resposta imediata. Muitas vezes, as soluções aparecem posteriormente, quando menos esperamos.

Além disso, manter um diário de ideias pode ser uma ferramenta poderosa. Ao registrar pensamentos, sonhos e insights espontâneos, damos permissão ao nosso subconsciente para se expressar. Muitas grandes ideias surgem em momentos de aparente distração – enquanto tomamos banho, caminhamos ou realizamos tarefas mundanas. Esses momentos de relaxamento permitem que o subconsciente nos entregue respostas que estavam sendo processadas internamente.

Usar o subconsciente para gerar ideias é uma prática que requer confiança e desapego. Ao dar ordens claras à nossa mente e permitir que ela trabalhe em segundo plano, desbloqueamos um potencial criativo imenso. Lembre-se de que o subconsciente é um aliado poderoso, capaz de oferecer soluções inovadoras e insights profundos, desde que saibamos como acessá-lo e confiar em seu processo.

A LEI DO ESFORÇO REVERSO

A Lei do Esforço Reverso é um conceito fascinante que contraria a noção convencional de que mais esforço sempre resulta em melhores resultados. Originada dos ensinamentos do filósofo britânico Alan Watts, esta lei afirma que, muitas vezes, quanto mais nos esforçamos para alcançar algo, mais nos afastamos de nosso objetivo. Em essência, a tentativa excessiva de controlar uma situação pode gerar o efeito oposto ao desejado.

Imagine-se tentando dormir. Quanto mais você se esforça para adormecer, mais difícil se torna relaxar e realmente cair no sono. A ansiedade e o foco intenso na necessidade de dormir acabam mantendo sua mente alerta, exatamente o oposto do estado de relaxamento necessário para adormecer. É um exemplo clássico da Lei do Esforço Reverso em ação: o esforço consciente excessivo pode ser contraproducente.

Outro exemplo é o caso de tentar lembrar de uma informação que parece estar na ponta da língua. Quanto mais você força sua mente a lembrar, mais difícil se torna acessar aquela informação. No entanto, ao relaxar e desviar a atenção, muitas vezes a resposta surge espontaneamente. O subconsciente tem uma capacidade incrível de trabalhar nos bastidores, resolvendo problemas e encontrando soluções quando deixamos de pressioná-lo.

A Lei do Esforço Reverso também pode ser aplicada ao campo da criatividade e inovação. Quando forçamos a mente a gerar ideias, muitas vezes nos deparamos com bloqueios criativos. Em contraste, ao permitir que a mente vagueie livremente, em momentos de relaxamento ou distração, ideias inovadoras surgem naturalmente. Thomas Edison e Salvador Dalí são exemplos notáveis de pessoas que usavam estados de relaxamento para estimular a criatividade.

Então, como podemos usar a Lei do Esforço Reverso a nosso favor?

1. **Aceitação e Desapego**: Aceitar que nem tudo está sob nosso controle e desapegar-se da necessidade de resultados imediatos pode reduzir a ansiedade e abrir espaço para soluções naturais. Confie no processo e permita que as coisas se desenrolem.

2. **Relaxamento Consciente**: Práticas como a meditação e a respiração profunda ajudam a acalmar a mente e a reduzir o esforço consciente excessivo. Essas técnicas podem facilitar a resolução de problemas e o surgimento de novas ideias.

3. **Alternância de Foco**: Ao alternar períodos de foco intenso com momentos de relaxamento, damos ao subconsciente a oportunidade de trabalhar sem a

interferência da mente consciente. Fazer pausas regulares e envolver-se em atividades relaxantes pode ser extremamente benéfico.

4. **Ambientes Estimulantes**: Estar em ambientes que estimulam a mente de maneira leve e agradável pode ajudar a promover um estado de fluxo natural, onde a criatividade e a resolução de problemas ocorrem sem esforço consciente excessivo.

A Lei do Esforço Reverso nos ensina que, às vezes, menos é mais. Ao reduzir o esforço consciente e permitir que nossa mente opere de maneira mais natural, podemos alcançar resultados melhores e mais satisfatórios. Trata-se de encontrar um equilíbrio entre ação e relaxamento, controle e aceitação, e, assim, descobrir o poder transformador de permitir que as coisas fluam com mais facilidade.

Como a imaginação cria a realidade

A imaginação é mais do que uma simples capacidade de conceber ideias ou imagens mentais; é uma força criativa que molda a realidade à nossa volta. Nos ensinamentos ancestrais, encontramos reflexos desse poder transformador da mente, onde a imaginação não apenas antecipa o futuro, mas o cria.

Nos relatos antigos, como os encontrados na Bíblia, vemos exemplos intrigantes de como a imaginação pode moldar o destino humano. Abraão, por exemplo, foi orientado a "olhar para as estrelas e contar" como uma promessa de descendência incontável (Gênesis 15:5). Essa imagem visual de abundância e prosperidade plantada em sua mente eventualmente se tornou uma realidade.

Da mesma forma, Jacó sonhou com uma escada que se estendia do céu à terra, onde os anjos subiam e desciam (Gênesis 28:12). Esse sonho não apenas revelou uma comunicação divina, mas também simbolizou uma conexão entre o céu e a terra, uma visão que moldou seu destino como o pai das doze tribos de Israel.

A habilidade de imaginar vai além do simples desejo; é uma ferramenta que nos permite co-criar com o universo. Quando imaginamos vividamente um estado desejado, seja de saúde, prosperidade ou paz interior, estamos plantando as sementes dessa realidade em nossa consciência. Como cultivadores de nossas próprias vidas, cada pensamento imaginativo é uma semente plantada no solo fértil da mente universal.

Os ensinamentos esotéricos sugerem que a imaginação é um portal para dimensões ocultas de consciência, onde o potencial infinito aguarda para se manifestar. Ao visualizar nossos objetivos com clareza e emoção, estamos não apenas projetando desejos, mas também tecendo os fios do destino conforme o padrão que traçamos.

Nesse sentido, a imaginação não é apenas um exercício mental, mas um ato sagrado de cocriação com o Divino. É através dela que transformamos ideias abstratas em realidades tangíveis, moldando não apenas nossas vidas pessoais, mas também o tecido do universo ao nosso redor.

Assim como tudo que existe à nossa volta um dia foi imaginado, desde as mais simples ferramentas até as grandiosas cidades e obras de arte, a imaginação continua a ser a força primordial por trás de todas as criações humanas. Cada invenção, descoberta científica ou obra de arte começou como um pensamento na mente de alguém, uma visão que foi nutrida e eventualmente manifestada no mundo físico.

Os edifícios que admiramos, as histórias que nos encantam, as tecnologias que facilitam nossas vidas – todas essas são expressões tangíveis da imaginação humana. Elas começaram como sonhos, como ideias que foram concebidas e desenvolvidas ao longo do tempo. Da mesma forma, os avanços científicos que revolucionaram nossas vidas foram inicialmente conjecturas, hipóteses imaginativas que foram testadas, refinadas e finalmente confirmadas pela experiência.

Nos campos da ciência e da tecnologia, vemos claramente como a imaginação precede a inovação. Cientistas e inventores frequentemente relatam momentos de insight criativo, onde uma ideia que parecia impossível se torna repentinamente clara e viável. É nesses momentos de inspiração que as fronteiras do conhecimento são expandidas, abrindo novos caminhos para o progresso humano.

Além disso, nas artes e na cultura, a imaginação desempenha um papel crucial na criação de obras que ressoam com a humanidade. Desde pinturas que capturam emoções profundas até músicas que nos transportam para outros mundos, os artistas usam sua imaginação para explorar e comunicar aspectos essenciais da experiência humana.

Portanto, ao refletirmos sobre o poder da imaginação para criar a realidade, reconhecemos que somos participantes ativos neste processo criativo contínuo. Cada um de nós possui o potencial de moldar o futuro com nossas ideias, nossas visões e nossas aspirações. Ao cultivarmos uma imaginação fértil e consciente, contribuímos não apenas para nosso próprio crescimento pessoal, mas também para o desenvolvimento coletivo da humanidade.

COMO USAR A CRIATIVIDADE
PARA MUDAR DE VIDA

A criatividade, em sua essência, é uma força cósmica que transcende a mera capacidade humana de criar obras ou resolver problemas. Ela é um portal para a transformação profunda e significativa em nossas vidas. Quando nos entregamos à prática consciente da criatividade, abrimos portas para novas realidades e possibilidades que antes pareciam inacessíveis.

Explorar a criatividade é como mergulhar nas águas profundas do inconsciente coletivo, onde as ideias e inspirações fluem livremente. É um convite para transcender os limites do pensamento convencional e explorar novas fronteiras da existência. Ao liberar nossa mente das amarras do conhecido, permitimos que a sabedoria ancestral e a intuição guiem nossos passos na criação de um destino mais alinhado com nossa verdadeira essência.

A criatividade nos convida a ver os desafios como oportunidades ocultas, envoltas em mistérios que apenas a mente intuitiva pode desvendar. Quando nos entregamos ao fluxo criativo, encontramos soluções que transcendem a lógica racional, revelando caminhos antes invisíveis para a manifestação de nossos sonhos mais profundos.

Expressar-se criativamente é abrir um canal direto com a alma do mundo, compartilhando nossas histórias, visões e emoções com uma energia que ressoa além do espaço e do tempo. Cada obra de arte criada com amor e intenção é um elo sagrado que conecta o criador ao universo, tecendo uma teia de significados e transformações que ecoam através das eras.

Além disso, a criatividade é uma força unificadora que nos

conecta uns aos outros em um nível mais profundo de consciência compartilhada. Ao colaborar em projetos criativos, nos tornamos co-criadores de uma realidade coletiva mais harmoniosa e equilibrada. É através desses laços criativos que manifestamos o poder de mudar não apenas nossas próprias vidas, mas também o mundo ao nosso redor.

Por fim, usar a criatividade para mudar de vida é aceitar o convite para uma jornada espiritual e transformadora, onde cada pincelada de cor, cada palavra escrita e cada nota musical ressoa com a magia da criação. É um chamado para despertar o poder interior que molda não apenas o que somos, mas o que podemos nos tornar. Ao abraçarmos essa jornada, nos tornamos agentes de mudança conscientes, cocriadores de um futuro onde a imaginação e a intuição guiem cada passo em direção à nossa plena realização.

INOVAÇÃO PARA VIDA E PARA SI MESMO

A inovação é uma força vital que permeia não apenas o mundo dos negócios e da tecnologia, mas também o caminho pessoal de autoconhecimento e crescimento. Quando aplicamos os princípios da inovação em nossa vida diária, abrimos portas para novas possibilidades, transformação pessoal e uma conexão mais profunda com nosso verdadeiro potencial.

Inovar para a vida e para si mesmo é mais do que simplesmente buscar novidades externas. É um convite para explorar novos horizontes internos, desafiando nossas próprias limitações e expandindo nossos limites mentais e emocionais. Assim como as empresas buscam inovar para se manterem competitivas e relevantes, nós também podemos aplicar essa mesma mentalidade para criar uma vida mais significativa e realizada.

Inovação pessoal começa com uma mentalidade aberta e receptiva às mudanças. É estar disposto a questionar o status quo, experimentar novas abordagens e aprender com cada experiência. Como inovadores de nossas próprias vidas, buscamos constantemente novas maneiras de melhorar, crescer e evoluir, adaptando-nos às circunstâncias e desafios que encontramos no caminho.

Ao inovar para si mesmo, também exploramos novas perspectivas e descobrimos novas habilidades e talentos latentes. Estamos constantemente desafiando nossas próprias habilidades, explorando novas áreas de interesse e desenvolvendo novas competências que nos ajudam a prosperar em um mundo em constante mudança.

Além disso, inovar para a vida é cultivar um senso de curiosidade e exploração. É estar aberto a novas ideias, novas pessoas e novas experiências que enriquecem nosso crescimento pessoal e expandem nossa compreensão do mundo. É encontrar inspiração nas pequenas coisas e transformar desafios em oportunidades de crescimento e desenvolvimento.

Em última análise, inovar para a vida e para si mesmo é um ato de autenticidade e coragem. É seguir nosso próprio caminho, mesmo que seja diferente do convencional. É confiar em nossa intuição e criatividade para moldar uma vida que reflita quem realmente somos e o que aspiramos alcançar. É um compromisso contínuo com a evolução pessoal e com a criação de um futuro onde a inovação não seja apenas uma estratégia, mas uma maneira de viver com propósito, paixão e significado.

GUSTAVO DOMINGUES

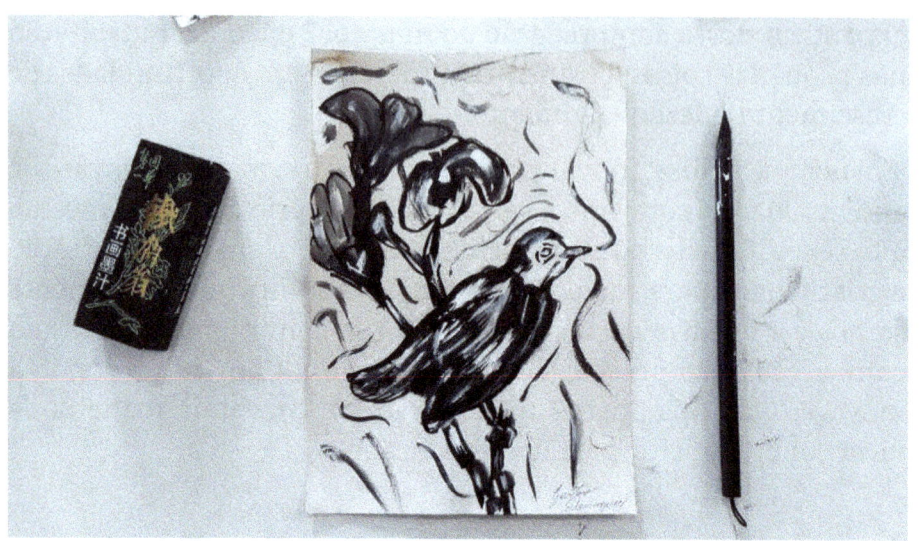

COMO SE MANTER CRIATIVO

Manter-se criativo é essencial tanto na vida pessoal quanto profissional. Duas qualidades fundamentais para cultivar a criatividade são a curiosidade incessante e a busca contínua por aprendizagem.

Curiosidade: O Motor da Criatividade

A curiosidade nos leva a explorar novos territórios e fazer perguntas poderosas. Ela nos encoraja a sair da zona de conforto, descobrir novas perspectivas e permanecer resilientes e adaptáveis. A curiosidade constante amplia nosso repertório de experiências e inspira novas ideias.

Aprendizagem Contínua: O Combustível da Inovação

A aprendizagem contínua é vital para a criatividade. Adquirir novas habilidades e conhecimentos nos mantém atualizados e inspirados. Isso aumenta nossa competência e confiança, proporcionando uma rede rica de conhecimentos e interações que alimentam a inovação.

Estratégias para Cultivar a Criatividade

Mantenha um Diário de Ideias: Anote suas inspirações regularmente.

Leia amplamente: Explore uma variedade de tópicos para expandir sua perspectiva.

Pratique a Curiosidade Ativa: Faça perguntas e aprenda algo novo diariamente.

Crie um Ambiente Estimulante: Cerque-se de coisas que inspiram sua criatividade.

Colabore com Outros: Trabalhe com pessoas de diferentes áreas para enriquecer suas ideias.

Manter-se criativo exige curiosidade incessante e um compromisso com a aprendizagem contínua. Ao adotar essas atitudes, podemos manter nossas mentes frescas, inspiradas e prontas para criar soluções únicas e enriquecedoras.

BENÇÃO FINAL

Que a luz da sabedoria e do amor que você encontrou neste livro continue a brilhar em seu coração, iluminando cada passo de sua jornada. Que as palavras que você leu aqui se tornem uma fonte constante de inspiração e orientação em sua vida.

Agradeço por sua companhia nesta jornada de descoberta e crescimento. Que você continue a explorar, a aprender e a crescer, sempre buscando a verdade e a beleza que estão ao seu redor.

Se você gostou deste livro, convido você a explorar mais do meu trabalho nas outras redes sociais. Lá você encontrará mais insights, reflexões e inspirações para enriquecer sua jornada.

Que você seja abençoado com paz, alegria e realização em todos os seus empreendimentos. Que cada dia seja uma oportunidade para você brilhar e compartilhar sua luz com o mundo ao seu redor.

Que a luz deste livro continue a iluminar seu caminho, guiando-o sempre em direção à sua mais alta expressão de si mesmo. Que você seja abençoado com amor, sucesso e felicidade em todas as áreas de sua vida.

Com gratidão e amor,

Seu grande amigo artista, *Gustavo Domingues*.

"Possa a estrada levantar-se para encontrá-lo. Possa o vento estar sempre às suas costas.

Possa o sol brilhar quente em seu rosto, as chuvas caírem macias em seus campos, e até que nos encontremos outra vez...

possa Deus tê-lo mansamente na palma de Sua Mão".

- *Benção irlandesa*

SOBRE O AUTOR

Gustavo Domingues é um artista que vai além das tintas e das telas. Com uma visão única e uma sensibilidade apurada, ele mergulha nas profundezas da expressão artística, buscando conexões autênticas e significativas por meio de suas obras. Sua abordagem delicada e sincera reflete-se em cada traço, em cada pincelada, transmitindo emoções e narrativas que ressoam com o espectador.

Além de sua expressão visual, Gustavo compartilha suas reflexões e insights por meio da escrita. Seus textos simples e honestos oferecem orientação e inspiração para aqueles que buscam um caminho de autodescoberta e crescimento pessoal. Ao compartilhar suas próprias experiências e aprendizados, ele cria um espaço seguro e acolhedor para que outros possam explorar suas próprias jornadas interiores.

Como líder criativo, Gustavo não apenas cria, mas também capacita. Ele acredita no poder transformador da criatividade e inspira outros a explorarem sua própria expressão artística como meio de auto expressão e desenvolvimento pessoal. Sua missão é tornar a arte acessível a todos, promovendo a cura, a conexão e o enriquecimento espiritual por meio da expressão criativa.

Junte-se a Gustavo Domingues nesta jornada de descoberta e transformação. Deixe-se inspirar por sua paixão pela arte e pela busca incessante pela verdade interior. Em suas palavras e em suas obras, você encontrará uma fonte de inspiração e um guia gentil para explorar os vastos territórios da alma humana.

Onde acompanhar esta jornada:

- **Canal do Youtube: Café Criativo - Gustavo Domingues**

- **Instagram: gustavodomingues_official**
- **Site, cursos e livros: Dominguesacademy.com**

CONHEÇA MAIS LIVROS DE GUSTAVO DOMINGUES

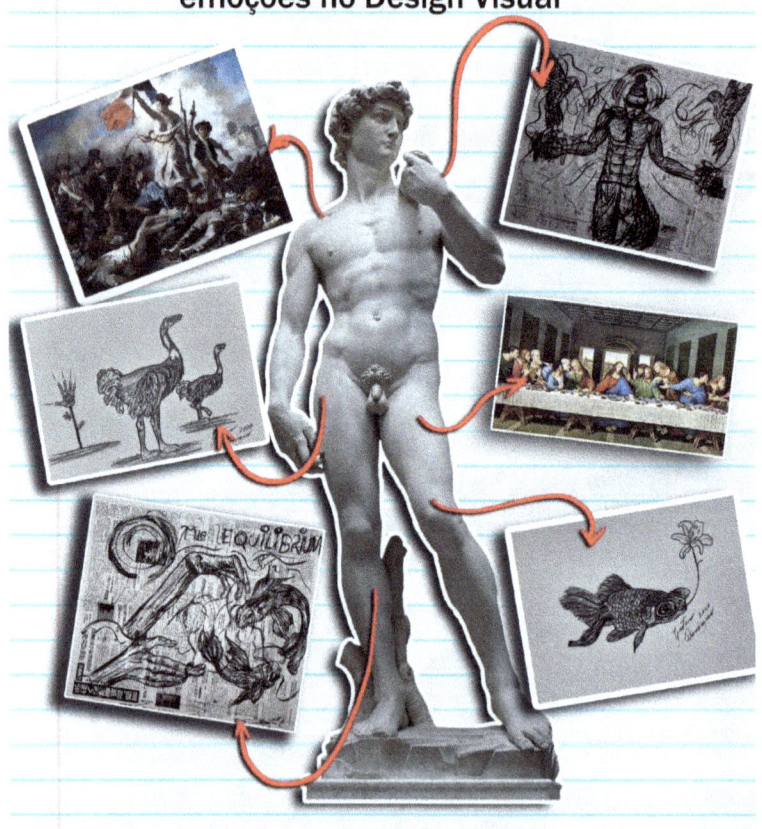

A arte é uma das formas mais antigas e universais de comunicação humana. Desde os tempos das cavernas até as galerias contemporâneas, as histórias são narradas através de imagens, esculturas, performances e diversas outras manifestações artísticas. "Storytelling na Arte: Como Contar Histórias e Transmitir Emoções na

Arte" é uma obra dedicada a explorar essa fascinante interseção entre narrativa e expressão artística.

O poder da narrativa reside na sua capacidade de conectar pessoas, transcender fronteiras culturais e temporais, e evocar emoções profundas. Quando aliamos essa capacidade ao potencial expressivo das artes visuais, criamos uma ferramenta poderosa para comunicar ideias complexas e sentimentos profundos. Neste livro, você será guiado através das técnicas e princípios que permitem aos artistas contar histórias de maneira eficaz e emocionalmente impactante.

Ao longo das páginas, exploraremos exemplos históricos e contemporâneos, analisando como grandes mestres e inovadores da arte usaram a narrativa para enriquecer suas obras. Além das análises, este livro oferece uma série de exercícios práticos e estudos de caso que incentivam o leitor a aplicar as técnicas de storytelling em suas próprias criações artísticas. Através desses exercícios, você aprenderá a desenvolver personagens, construir enredos e utilizar simbolismos visuais para criar obras que não apenas capturam o olhar, mas também o coração do espectador.

CRIATIVIDADE QUE TRANSFORMA MUNDOS

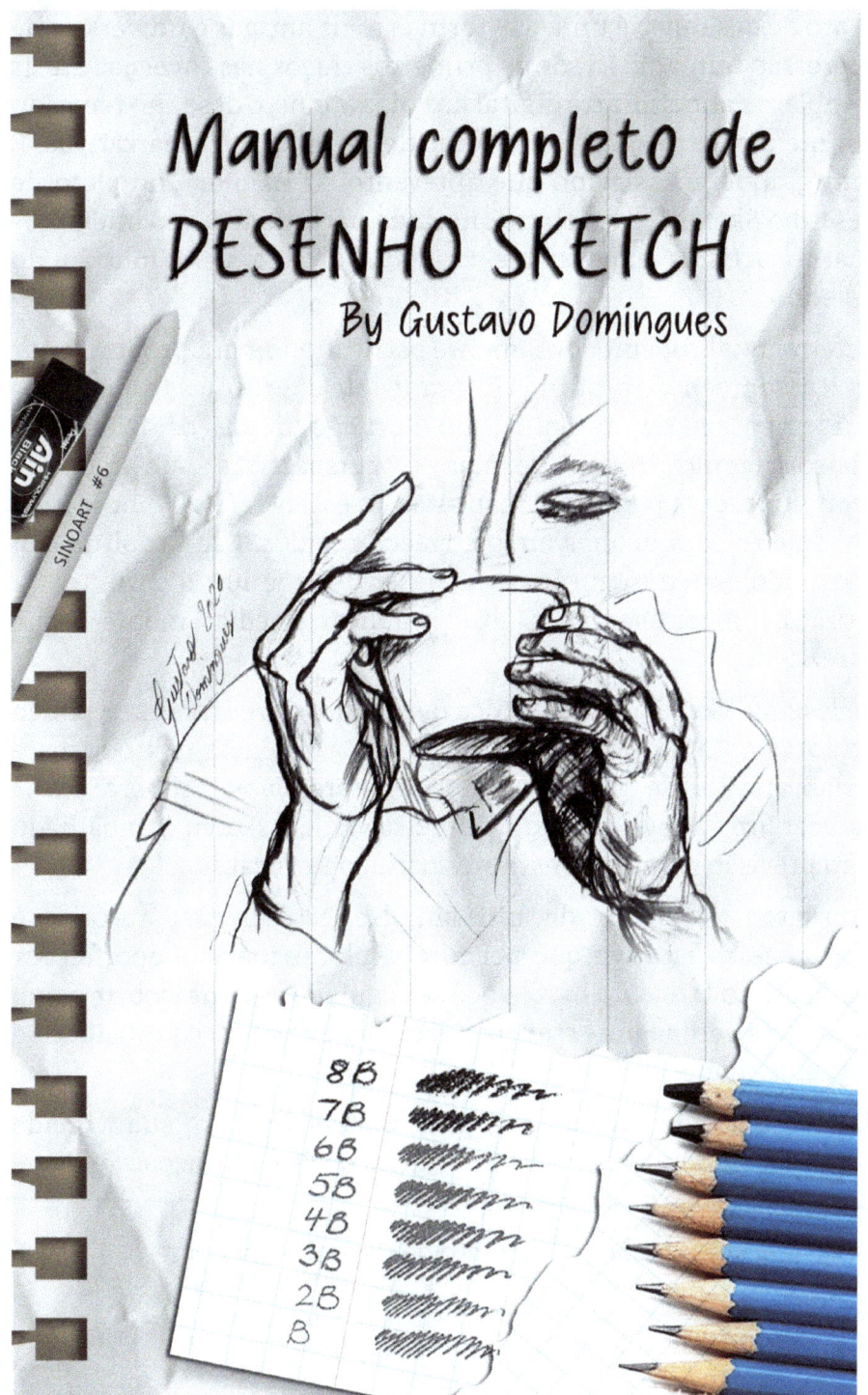

O ato de desenhar é uma das formas mais antigas e universais de expressão humana. Desde os primeiros traços nas cavernas até as complexas obras de arte digital dos dias atuais, o desenho tem sido um meio poderoso de comunicar ideias, emoções e narrativas. É com grande entusiasmo que apresento o "Manual Completo de Desenho Sketch", uma obra concebida para guiar tanto iniciantes quanto artistas experientes em sua jornada pelo mundo do desenho.

Este manual foi cuidadosamente estruturado para proporcionar uma compreensão profunda e abrangente das técnicas e conceitos fundamentais do desenho. Ele abrange desde os princípios básicos, como linhas, formas e perspectivas, até técnicas avançadas que permitem capturar a essência e a emoção de um sujeito com apenas alguns traços rápidos. Cada capítulo foi elaborado com a intenção de fornecer um equilíbrio entre teoria e prática, incentivando o leitor a aplicar imediatamente o que aprendeu.

O desenho sketch é uma técnica fascinante e, muitas vezes, pouco explorada. Caracteriza-se por capturar a essência dos objetos e cenas através de traços rápidos e expressivos. Embora possa parecer um simples esboço à primeira vista, o sketch é trabalhado com precisão para obter esse efeito único e evocativo.

O sketch vai além de um simples estudo preparatório; é um processo criativo que permite explorar ideias e aperfeiçoar técnicas. Ao longo do livro, você será guiado para descobrir como capturar a verdadeira essência de seus sujeitos com simplicidade e expressividade.

Espero que este manual inspire e motive você em sua jornada artística, ajudando-o a ver o mundo através dos traços rápidos e significativos do desenho sketch.

Bem-vindo ao "Manual Completo de Desenho Sketch".

CRIATIVIDADE QUE TRANSFORMA MUNDOS

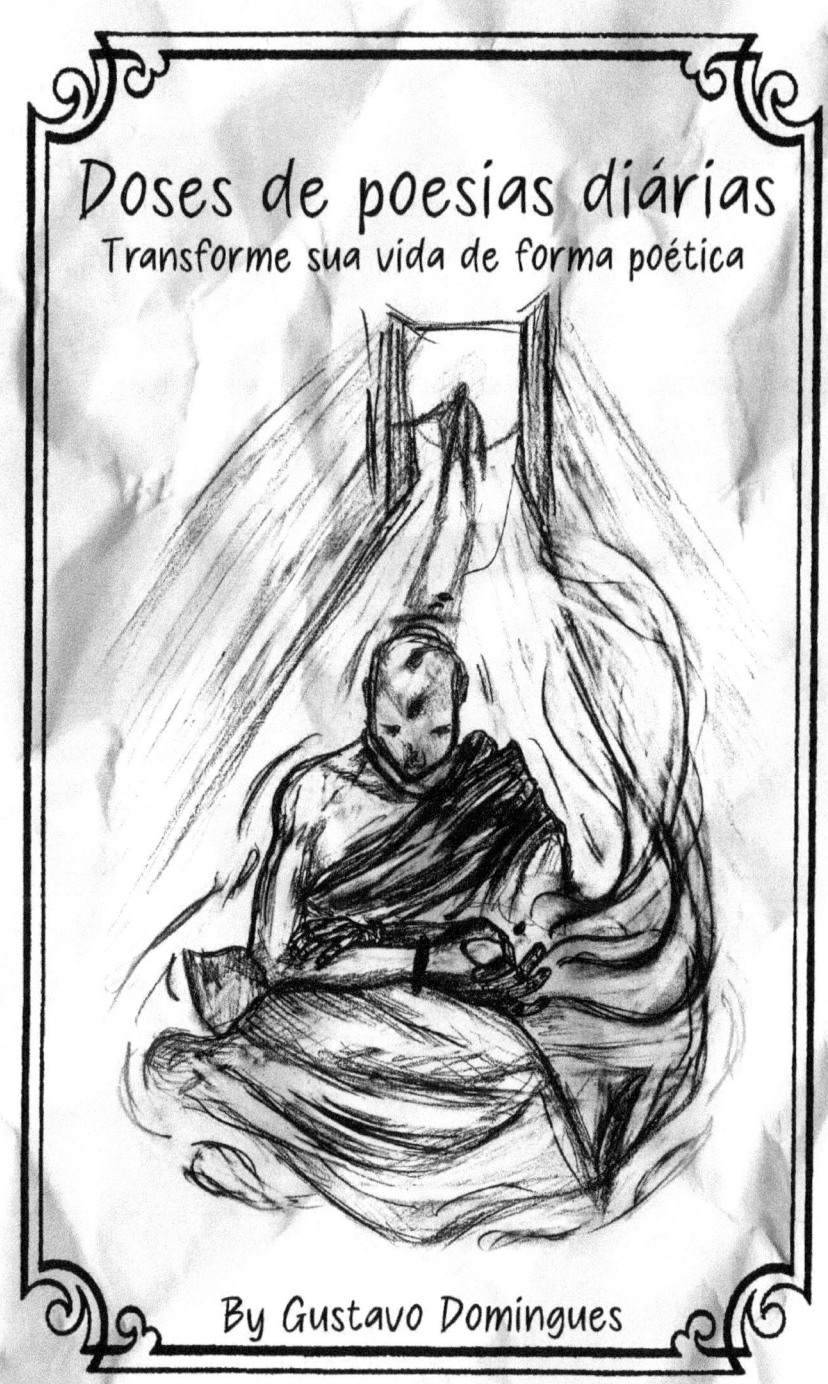

Em um mundo repleto de complexidades e desafios, a busca pela sabedoria é uma jornada eterna que transcende as barreiras do tempo e do espaço. Em "Doses de Sabedoria", convido você a embarcar em uma viagem única pelo vasto oceano do conhecimento humano, onde cada página é uma âncora para a compreensão mais profunda da vida e do universo que nos cerca.

Neste livro, reunimos uma coleção inspiradora de reflexões, insights e ensinamentos e cada palavra é uma gota de sabedoria destinada a nutrir sua mente, fortalecer seu espírito e guiar seus passos na jornada da existência.

Seja você um buscador incansável da verdade ou um viajante ocasional em busca de inspiração, "Doses de Sabedoria" de Gustavo Domingues oferece um refúgio acolhedor onde a sabedoria floresce e a luz da compreensão brilha intensamente.

Prepare-se para mergulhar em um banquete intelectual que alimentará sua alma e abrirá novos horizontes de entendimento.

Que este livro seja mais do que uma simples leitura; que seja uma fonte inesgotável de insight e inspiração, acompanhando-o em sua jornada pela vida, iluminando cada passo do caminho com a luz eterna da sabedoria.

Lumiéry
Em um mundo misterioso

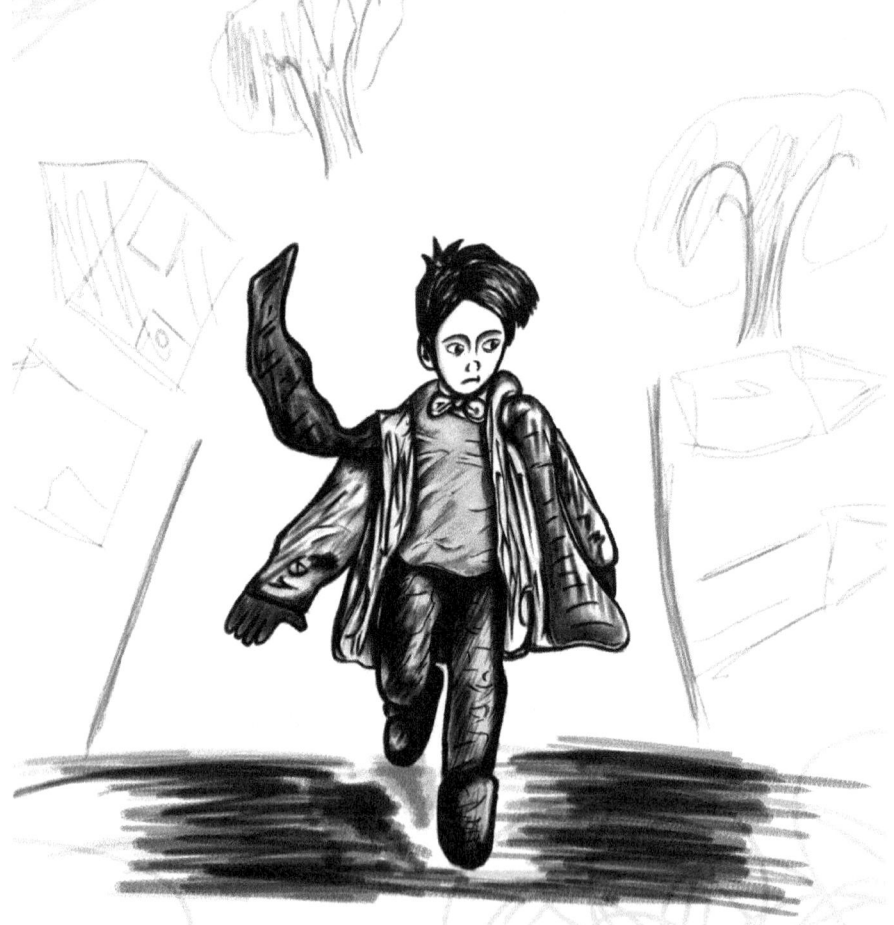

Por Gustavo Domingues

CRIATIVIDADE QUE TRANSFORMA MUNDOS

Prepare-se para uma jornada emocionante por um mundo repleto de mistérios e redenção em "Lumiéry". Mais do que uma simples história, esta narrativa encerra um ensinamento profundo que irá tocar o âmago de sua alma.

A trama nos leva a seguir os passos de um jovem, cuja luz interior foi gradualmente apagada pelos desafios da vida. Este não é apenas um conto sobre a perda da inocência, mas sim sobre a busca intensa para reacender a chama que a sociedade muitas vezes rouba.

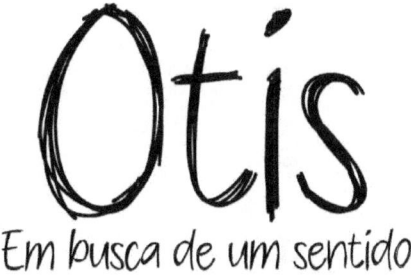

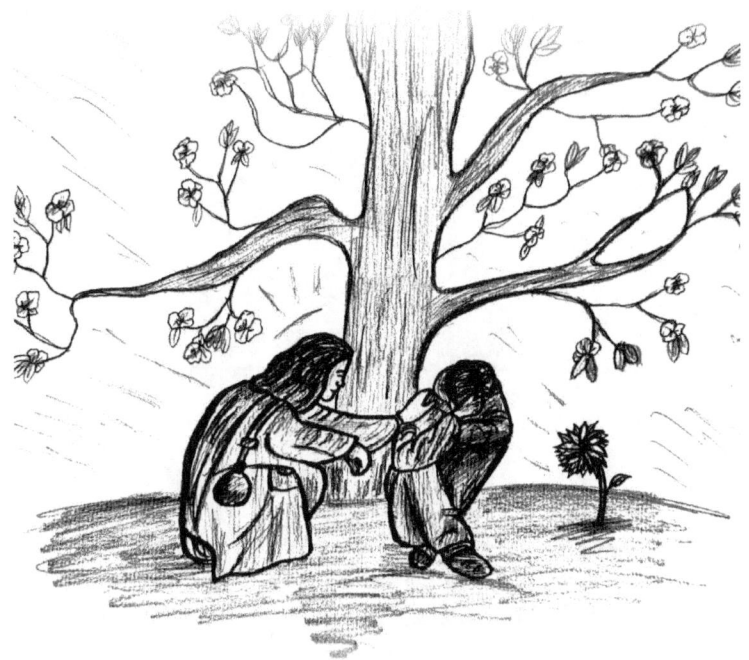

Por Gustavo Domingues

Adentre um universo de intrigas e descobertas em "Otis: Em Busca de um Sentido". Este não é apenas um livro; é um desabafo enigmático que desafia os limites da compreensão. Quando meu querido amigo Otis me deixou uma carta carregada de subjetividade, mergulhei em sua narrativa como se fosse um enigma a ser decifrado. No entanto, mesmo após várias leituras, as palavras continuam a me escapar.

Decidido a compartilhar essa jornada misteriosa, decidi contar a história de Otis. Uma narrativa intrincada que serve como chave para desvendar a carta que meu amigo deixou para trás. Embarque comigo nesta aventura, onde cada página é um passo em direção à revelação do significado por trás das palavras de Otis.

A curiosidade já está borbulhando em você, não é mesmo? Mas, ah, resisto em revelar o conteúdo exato da carta. A graça está na busca, na imersão na trama para desvendar o mistério que envolve Otis. Permita-me ser o seu guia nessa jornada fascinante. Acomode-se, pegue sua xícara de café, e mergulhe na envolvente história do nosso intrigante amigo Otis.

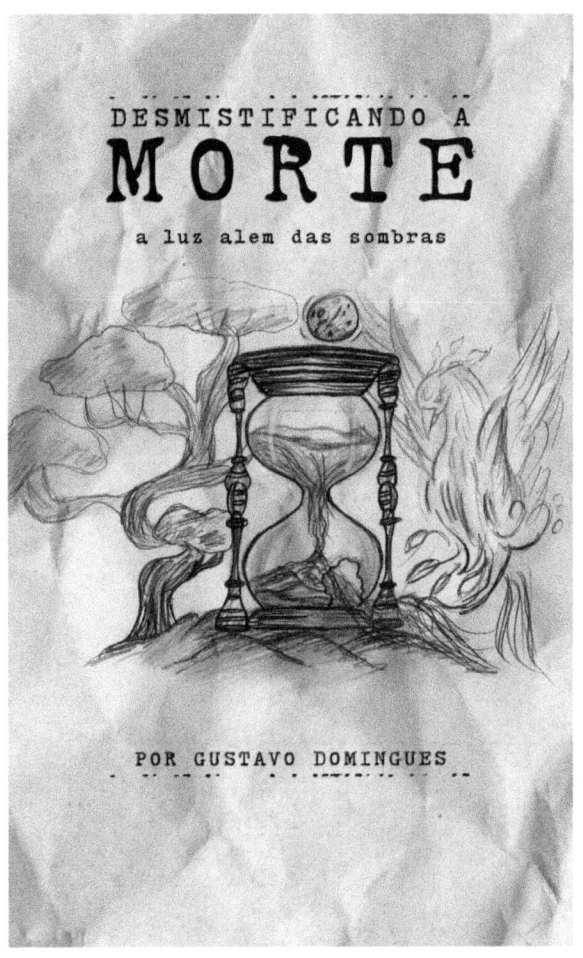

Prepare-se para uma experiência literária transformadora! Em "Desmistificando a morte", mergulhe nos pensamentos profundos e íntimos de alguém que desafiou as sombras das crises existenciais.

Esta obra, nascida dos registros honestos e inquietantes de um diário, desmistifica a morte e desvenda os segredos para uma vida significativa.

Ao compartilhar suas reflexões, o autor não apenas encontrou paz interior, mas também inspirou outros a trilharem o mesmo caminho. Testemunhos revelam que estas palavras têm o poder de acalmar a alma, oferecendo alívio para aqueles que enfrentam suas próprias tempestades internas.

Prepare-se para uma jornada única, repleta de insights profundos, enquanto o autor transforma suas anotações em um livro cativante.

Este convite à reflexão é ideal para quem busca compreender a existência de maneira mais profunda. Acomode-se, pegue uma xícara de café e permita-se explorar os recantos mais profundos da mente humana.

www.ingramcontent.com/pod-product-compliance
Lightning Source LLC
Chambersburg PA
CBHW070343230526
45471CB00006B/2421